高等职业教育"十三五"规划教材

Qiche Yingxiao Shiwu
汽车营销实务

(第2版)

史 婷　张宏祥　主 编

人民交通出版社股份有限公司
China Communications Press Co.,Ltd.

内 容 提 要

本书为高等职业教育"十三五"规划教材,内容分为两篇。第一篇为汽车营销策划,主要内容包括:汽车市场营销基本原理、汽车市场营销环境、汽车市场调查与预测、汽车市场细分与目标市场定位、汽车营销组合策略及汽车营销策划方案设计;第二篇为汽车销售技巧,主要内容包括:汽车消费者消费心理和行为、展厅接待、需求分析、产品说明、试乘试驾、报价成交、递交新车、售后跟踪及汽车网络电话销售。本教材在每章内容之前设有任务提示,内容之后设有任务书。

本教材适合于高等职业技术院校汽车营销与服务、汽车运用与维修技术专业师生使用,也可作为汽车销售公司营销经理及中层领导干部的培训教材。

图书在版编目(CIP)数据

汽车营销实务 / 史婷,张宏祥主编. —2 版. — 北京:人民交通出版社股份有限公司,2018.11
ISBN 978-7-114-15082-1

Ⅰ. ①汽… Ⅱ. ①史… ②张… Ⅲ. ①汽车—市场营销学—高等职业教育—教材 Ⅳ. ①F766

中国版本图书馆 CIP 数据核字(2018)第 238556 号

书　　名:	汽车营销实务(第 2 版)
著 作 者:	史　婷　张宏祥
责任编辑:	翁志新　戴慧莉
责任校对:	张　贺
责任印制:	刘高彤
出版发行:	人民交通出版社股份有限公司
地　　址:	(100011)北京市朝阳区安定门外外馆斜街 3 号
网　　址:	http://www.ccpcl.com.cn
销售电话:	(010)59757973
总 经 销:	人民交通出版社股份有限公司发行部
经　　销:	各地新华书店
印　　刷:	北京市密东印刷有限公司
开　　本:	787×1092　1/16
印　　张:	13.75
字　　数:	301 千
版　　次:	2012 年 3 月　第 1 版 2018 年 11 月　第 2 版
印　　次:	2022 年 1 月　第 2 版　第 2 次印刷　累计第 6 次印刷
书　　号:	ISBN 978-7-114-15082-1
定　　价:	33.00 元

(有印刷、装订质量问题的图书由本公司负责调换)

第2版前言

FOREWORD

　　高等职业教育"十二五"规划教材《汽车营销实务》一书发行六年以来,得到了国内开设汽车类专业职业院校的认同和广大师生的支持与帮助;在培养汽车营销策划岗位和汽车销售顾问岗位专业人才的过程中,进一步规范了人才培养的步骤和方法。六年来,国内汽车行业也发生了日新月异的变化,随之对汽车相关岗位人才职业技能也提出了更高、更新的要求。

　　再版教材继续由职业院校汽车专业的教师与相关企业的技术人员一起合作完成,真正实现了学校和企业的紧密结合。教材基于学习情境设计,以任务作驱动,以项目为载体,将理论知识与实践操作进行一体化的教学设计,体现了工学结合的本质特征——"学习的内容是工作,通过工作实现学习",突出学生的综合职业能力培养。教材以工作任务为核心,第一篇汽车营销策划部分采用任务驱动教学模式,以工作任务提出学习内容,用学习内容完成工作任务;第二篇汽车销售技巧部分采用情景模拟教学模式,以学习内容辅助情景模拟的开展,用情景模拟加深学习内容的掌握。全书体现出严格的遵循行动导向的教学思想。再版教材对部分案例进行了更新;同时,为了学生更科学地掌握职业技能,教材的结构做了调整,将原第一篇的第二章和第六章合并,编为第一篇的第六章,将原第二篇的"第一章 汽车市场营销环境"移至第一篇的第二章;另外,根据汽车销售岗位工作内容的变化,在第二篇中增加了"第九章 汽车网络电话销售"。

　　参加本书编写工作的有:武汉交通职业学院的史婷(编写第一篇的第一章~

第六章)、重庆交通职业学院的张宏祥(编写第二篇的第一章～第九章)。全书由史婷、张宏祥担任主编。

限于编者经历和水平,教材内容难免有疏漏和不当之处,希望各高职院校在使用本教材时,及时提出意见和建议,以便再版时补充完善。

编　者

2018 年 9 月

第1版前言
FOREWORD

为落实《国家中长期教育改革和发展规划纲要(2010—2020年)》精神,深化职业教育教学改革,积极推进课程改革和教材建设,2010年10月,全国十几所高职院校的汽车专业的骨干教师及相关汽车企业专家齐聚武汉,参加了由人民交通出版社组织的高等职业教育"十二五"规划教材编写会议,在会上成立了编写委员会,策划启动了本套教材,希望为高职高专院校汽车专业建设尽一点绵薄之力。

本套教材从编写到审校,都是由职业院校汽车专业的教师与相关企业的技术人员一起合作完成的,真正实现了学校和企业的紧密结合。教材基于学习情境设计,以任务作驱动,以项目为载体,将理论知识与实践操作进行一体化的教学设计,体现了工学结合的本质特征——"学习的内容是工作,通过工作实现学习",突出学生的综合职业能力培养。本套教材的编写,打破了传统教材的体例,以具有代表性的工作任务为一个相对完整的学习过程,围绕工作任务聚焦知识和技能,体现行动导向的教学观,提升学生学习的主动性和成就感。

《汽车营销实务》是本套教材中的一本。本书以工作任务为核心,第一篇汽车营销策划部分采用任务驱动教学模式,以工作任务提出学习内容,用学习内容完成工作任务;第二篇汽车销售技巧部分采用情景模拟教学模式,以学习内容辅助情景模拟的开展,用情景模拟加深学习内容的掌握。全书体现严格"遵循行动导向"的教学思想。

参加本书编写工作的有:武汉交通职业学院的史婷(编写第一篇的第一章至第六章)、重庆交通职业学院的张宏祥(编写第二篇的第一章至第九章)。全书由史婷、张宏祥担任主编,武汉理工大学的张国方担任主审。

限于编者经历和水平,教材内容难免有疏漏和不当之处,希望各高职院校在使用本教材时,及时提出意见和建议,以便再版时补充完善。

编委会

2011 年 8 月

目录

第一篇　汽车营销策划

第一章　汽车市场营销基本原理 ········ 2
- 第一节　汽车市场营销的内涵 ········ 2
- 第二节　汽车营销观念 ········ 3
- 任务书 ········ 6

第二章　汽车市场营销环境 ········ 7
- 第一节　汽车市场营销环境概述 ········ 7
- 第二节　汽车市场营销的微观环境 ········ 9
- 第三节　汽车市场营销的宏观环境 ········ 11
- 第四节　汽车市场营销环境分析 ········ 15
- 任务书 ········ 21

第三章　汽车市场调查与预测 ········ 22
- 第一节　汽车市场调查与预测的作用 ········ 23
- 第二节　汽车市场调查与预测的内容和方法 ········ 25
- 任务书 ········ 37

第四章　汽车市场细分与目标市场定位 ········ 38
- 第一节　汽车市场细分和目标市场定位的作用 ········ 38
- 第二节　市场细分 ········ 40
- 第三节　目标市场 ········ 45
- 第四节　市场定位 ········ 48
- 任务书 ········ 54

第五章　汽车营销组合策略　55
第一节　汽车营销组合策略的作用　56
第二节　市场营销组合　58
第三节　产品策略　62
任务书　71
第四节　价格策略　72
任务书　81
第五节　分销策略　82
任务书　86
第六节　促销策略　87
任务书　102

第六章　汽车营销策划方案设计　103
第一节　汽车营销策划的概念和内容　103
第二节　汽车营销策划大纲　105
第三节　汽车营销策划技巧和方法　106
任务书　110

第二篇　汽车销售技巧

第一章　汽车消费者消费心理和行为　112
第一节　汽车消费者购买行为　112
第二节　影响汽车消费者购买行为的因素　116
第三节　汽车消费者的购买决策　123
任务书　128

第二章　展厅接待　129
第一节　汽车销售流程　129
第二节　展厅接待的流程　131
第三节　展厅接待的技巧　136
任务书　139

第三章　需求分析　140
第一节　需求分析的流程　140
第二节　需求分析的技巧　141
任务书　146

第四章　产品说明　147
第一节　产品说明的流程　147

第二节　六方位绕车介绍 …………………………………………………… 149
  第三节　产品说明的技巧 …………………………………………………… 151
  任务书 ………………………………………………………………………… 154

第五章　试乘试驾 …………………………………………………………………… 155
  第一节　试乘试驾的流程 …………………………………………………… 155
  第二节　试乘试驾的技巧 …………………………………………………… 158
  任务书 ………………………………………………………………………… 165

第六章　报价成交 …………………………………………………………………… 166
  第一节　报价成交的流程 …………………………………………………… 166
  第二节　异议处理的技巧 …………………………………………………… 171
  第三节　价格商谈的技巧 …………………………………………………… 176
  第四节　成交的技巧 ………………………………………………………… 181
  任务书 ………………………………………………………………………… 185

第七章　递交新车 …………………………………………………………………… 186
  第一节　递交新车的流程 …………………………………………………… 186
  第二节　递交新车的技巧 …………………………………………………… 190
  任务书 ………………………………………………………………………… 192

第八章　售后跟踪 …………………………………………………………………… 193
  第一节　售后跟踪的流程 …………………………………………………… 193
  第二节　售后跟踪的技巧 …………………………………………………… 195
  任务书 ………………………………………………………………………… 198

第九章　汽车网络电话销售 ………………………………………………………… 199
  第一节　IDCC 营销 ………………………………………………………… 199
  第二节　4S 店 IDCC …………………………………………………………… 201
  第三节　IDCC 工作流程及技巧 …………………………………………… 203
  任务书 ………………………………………………………………………… 208

参考文献 ……………………………………………………………………………… 209

第一篇 汽车营销策划

◇ **学习目标**

本篇内容旨在通过学习汽车市场营销基本理论和汽车营销活动策划的相关知识,使学生熟练掌握汽车营销活动策划方法,并可以独立完成一项汽车营销活动策划方案。

◇ **教师任务**

讲授汽车市场营销基本理论与汽车营销策划书各组成部分及形成方法,指导学生完成各项学习任务,并对学生学习效果进行评价。

◇ **学生任务**

学生以5~6人分为一组,每组选取一款车型并以所选车型为作业对象,组内成员按分工完成本篇以下各项任务。

(1)掌握汽车营销的基本原理和方法。

(2)掌握汽车市场营销环境分析方法,对某一地区的汽车市场营销环境进行调研分析。

(3)具备汽车市场调查能力,并能形成市场调查问卷。

(4)掌握汽车市场细分和目标市场定位方法。

(5)理解汽车营销组合概念,掌握汽车营销组合方法。

(6)掌握汽车产品策略、价格策略、分销策略及促销策略选择方法。

(7)具备汽车营销活动的策划能力,并能形成汽车营销策划方案。

第一章　汽车市场营销基本原理

 学习目标

　　本章旨在通过学习汽车市场营销基本原理的相关内容,使学生了解汽车市场营销内涵和汽车营销观念,为后面章节的学习打下基础。

 任务描述

　　本章共一项任务:掌握汽车市场营销基本原理。

 学习引导

　　本章学习可以采用以下顺序:

　　引出任务 → 学习相关内容 → 完成任务书

 第一节　汽车市场营销的内涵

 一、市场

　　市场是商品经济的产物,哪里有商品生产和交换,哪里就会有市场。市场的概念归纳如下。

　　(1)市场是商品交换的场所。

　　(2)市场是某种商品的购买者和潜在购买者需求的总和。

　　(3)市场是各种商品交换关系的总和。

　　(4)汽车市场是指需要新车、二手车、汽车零配件、汽车维修人群总和,概括为:买者构成市场,卖者构成行业。

市场包括三个因素,有某种需要的人、可满足该需要的购买能力和购买意愿,即:

$$市场 = 购买力(M) + 人口(A) + 购买意愿(N)$$

其中:M——资金(Money);

A——决策权(Authority);

N——需要(Need)。

 市场营销

美国学者菲利普·科特勒认为:市场营销是指以满足人类各种需要和欲望为目的,通过市场将潜在交换变为现实交换的活动。

(1)市场营销是一种有目的、有意识的人类活动。

(2)市场营销的研究对象是市场营销活动和营销管理。

(3)市场营销活动的出发点是满足和引导消费者的需求。

(4)市场营销活动的主要内容包括:分析环境,选择目标市场,市场定位,产品开发、定价、促销、分销及协调各生产销售阶段和各生产销售部门。

(5)市场营销活动的目标是使企业营销活动良性运营,并获得最大收益。

三 汽车市场营销

汽车是由动力驱动,具有4个或4个以上的非轨道承载车辆,主要用于:载运人员和(或)货物;牵引载运人员和(或)货物的车辆;特殊用途。

汽车市场营销是指汽车企业为了达到企业经营目标,同时更好地、更大限度地满足市场需求而进行的一系列活动,概括如下。

(1)寻找汽车市场需求。

(2)实施一系列更好的、满足市场需求的活动。

第二节 汽车营销观念

汽车市场营销观念是指汽车企业在开展市场营销活动过程中,在处理企业、用户需求和社会利益三者之间关系时所持的根本态度、思想和观念。

由于各主体对企业利益、用户利益及社会利益的认识不同,在许多情况下,三方利益既相辅相成,又相互冲突。

目前,在汽车市场处于完全买方市场的环境下,汽车企业要想获得长远发展,就必须在自身盈利的前提下,既获得用户支持,又享有良好的社会信誉,必须在权衡三方利益的基础上确定本企业经营原则。

汽车营销观念指导了汽车企业的运营,代表了一个阶段汽车市场中现行的主要营销观念。不同的汽车营销观念是随着不同阶段汽车市场的需求而产生的,主要包括:生产观念、产品观念、推销观念、市场营销观念及社会营销观念。

1 生产观念

生产观念产生于20世纪20年代以前的西方国家,当时的汽车市场是典型的卖方市场,即"以产定销"。在这个阶段,汽车顾客会接受任何他能买到并且买得起的汽车产品,顾客对汽车没有个性需求。

在该观念指导下,汽车企业的主要工作是为提高生产效率和渠道效率,进行大量生产并降低成本,进一步扩大产销量。典型的案例为:20世纪初期,美国福特汽车公司大力发展黑色T型车生产,总裁亨利·福特说:"不管消费者需要什么样的汽车,我们只有黑色T型车。"生产观念适应了一个阶段汽车市场的需求,但市场是变化的,当汽车消费者出现个性化需求时,该观念逐渐被替代了。

2 产品观念

产品观念产生于20世纪20年代,当时的汽车市场仍然是典型的卖方市场,但汽车产品较之以前供应更充足,消费者有了选择余地,在此市场情况下,消费者会欢迎质量最优、性能最好的产品。

在该观念指导下,汽车企业认为,只要生产的汽车产品经久耐用,就会受到用户欢迎。其主要工作为制造优质产品,并不断地加以改造提高。但所有的汽车改进工作仍然是以汽车企业为主导的,汽车企业的产品生产依然不重视消费者的真正需求。所以,随着消费者个性化需求的不断细化,当汽车企业生产的产品不能满足消费者时,顾客就会流失,因此,需要更符合市场发展的营销观念。

3 推销观念

推销观念产生于20世纪30年代初期,当时的汽车市场处于由卖方市场向买方市场转变阶段。由于资本主义世界经济大萧条,大批汽车产品供大于求,销售困难,卖方竞争加剧,消费者购买需求大大下降。

在该观念指导下,汽车企业的中心工作不再是生产问题,而是销售问题,即针对既定汽车产品大力施展推销和促销手段,激发顾客的购买欲望,强化顾客的购买兴趣。推销观念比生产观念前进了一大步,但大多数汽车企业进行推销工作时仍然以企业为主导,没有考虑到顾客的真实需求,即根据顾客需求进行产品改良,所以该观念仍然不适合当时的市场需求。

但是,推销观念为市场营销观念奠定了基础。因为,在以推销观念为指导的阶段,大力施展推销促销技术时出现两种结果:有的汽车产品销售成功,有的汽车产品仍然滞销。销售人员分析总结发现,销售成功的汽车产品是满足顾客需求的,而滞销汽车产品是不能满足顾客需求的,于是注意到了顾客需求的重要性,从而发展形成新的营销观念。

4 市场营销观念

市场营销观念是现阶段适用的营销观念。此时的汽车市场是典型的买方市场,该观念要求生产必须适应环境的变化,满足顾客需求,以增强供应商在市场上的竞争力。

在该观念指导下,汽车企业的产品生产完全以顾客需求为导向,并努力理解和不断满足顾客需求。该观念适应汽车市场的买方市场现状,顺应市场发展。但是,供应商有可能在满足顾客需求和追求自身最大利益的同时,损害他人及社会的利益。于是,又发展出了新的营销观念。

5 社会营销观念

社会营销观念是现阶段适用的营销观念。此时的汽车市场仍然是典型的买方市场。随着社会经济和汽车产业的快速发展,资源消耗和生态环境破坏日益引起社会的关注。为了适应可持续发展战略,考虑到社会和消费者长远利益,越来越多的汽车企业在关注自身盈利、消费者满意的前提下,积极维护社会公众利益和长远利益。

在该观念指导下,汽车企业的主要工作是将自身利益和整体社会利益结合起来,生产和提供满足社会发展需要的汽车产品,主要体现在汽车节能和环保两个性能方面。目前,支持节能、环保已经成为汽车供应商们取得社会认可的最佳途径。

任 务 书

简述以下汽车市场营销基本概念。

一、市场三要素。

二、汽车市场。

三、汽车市场营销。

四、汽车营销观念。

第二章　汽车市场营销环境

 学习目标

　　本章旨在通过学习汽车市场营销环境的相关内容，使学生能初步分析一个汽车企业所面临的营销环境，并根据环境的变化制订相应的对策。

 任务描述

　　本章共两项任务：
　　(1)掌握汽车市场营销环境资料的收集方法；
　　(2)掌握威胁——机会分析方法。

 学习引导

　　本章学习可以采用以下顺序：

　　引出任务 → 分小组(5~6人/组) → 选定汽车企业 → 选定区域 →
　　学习相关内容 → 完成任务书

　第一节　汽车市场营销环境概述

一　汽车市场营销环境的内涵

　　汽车企业是在特定的环境中生存发展的，其营销活动不可能脱离周围的环境而孤立地进行。由于汽车市场的环境存在着很大的不确定性，它既可以给汽车企业提供新的市场机会，又可能给汽车企业带来市场威胁。因此，汽车企业必须了解和预测环境因素，不仅主动地适应和使用环境，而且通过营销行为努力去影响环境，使之有利于企业的生存和发展，从而提高营销活动的有效性。可以说,对汽车市场营销环境的研究是汽车企业营销管理的最基础课题。

汽车市场营销环境是指与汽车企业营销活动有潜在关系的所有内外部力量和相关因素的集合,包括微观环境和宏观环境两方面。微观环境通常指汽车企业内部环境、汽车市场营销渠道企业、顾客、竞争对手和社会公众等;宏观环境通常指汽车企业面临的人口环境、自然环境、经济环境、科技环境、政治法律环境、社会文化环境等。这两方面共同构成多因素、多层次、多变的企业市场营销环境的综合体(图1-2-1)。

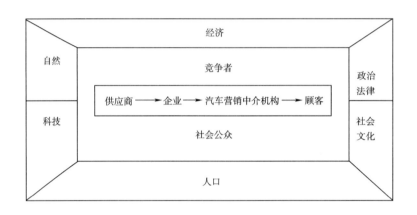

图1-2-1　汽车市场营销环境

二 汽车市场营销环境的特征

1 客观性

营销环境作为汽车营销部门外在的不以汽车营销者意志为转移的因素,对汽车企业营销活动具有强制性和不可控的特点。汽车营销部门无法摆脱和控制营销环境,尤其是宏观环境。例如,消费者收入水平、消费结构的变化是客观存在的经济环境变化,在一定程度上影响了汽车消费。但汽车企业可以主动适应环境的变化和要求,制订适宜的市场营销策略并不断加以调整。

2 差异性

差异性不仅表现在不同汽车企业受不同宏观和微观环境的影响,而且同样一种环境因素的变化对不同汽车企业的影响也不相同。例如,燃油价格上涨对于生产大排量的汽车企业来说是不利的因素,而对于生产经济型、小排量的汽车企业来说却是个机会。汽车企业应根据不同的环境及其变化趋势,采取各有特点和针对性的营销策略。

3 相关性

营销环境各个因素之间相互影响,相互制约,某一因素的变化,会带动其他因素的相应改变。例如,汽车市场需求不仅受到消费者收入水平、偏好以及社会文化等方面因素的影响,国家相关政策的变化,往往也产生决定性的影响。

4 动态性

营销环境是一个动态系统,每一个因素都随着社会经济的发展而不断变化。目前,汽车市场营销环境的变化速度在不断地加快,每一个汽车企业作为一个小系统都与营销环境这个大系统处在动态的平衡中。一旦环境发生变化,平衡便被打破,汽车企业就必须积极地适应这种变化。

第二节 汽车市场营销的微观环境

汽车市场营销的微观环境是指与汽车企业营销决策活动紧密联系,能够直接影响汽车企业为目标市场提供服务能力的各种因素。这些因素包括汽车企业内部环境、汽车市场营销渠道企业、顾客、竞争对手和社会公众等。

一、汽车企业内部环境

汽车企业内部环境是指企业的类型、组织模式、组织机构及企业文化等因素。企业的组织机构,即企业职能分配、部门设置及各部门之间的关系,是企业内部环境最重要的因素。

汽车企业的市场营销部门并不是孤立存在的,它还必须与企业高层管理、财务、研发、采购、制造等部门密切合作。首先,必须要考虑最高管理层的意图,汽车市场营销计划必须经高层管理同意方可实施;其次,要考虑其他业务部门(如财务部、研发部门、会计部门、生产部门、采购部门等)的情况,并与之密切协作,共同研究制订年度和长期计划。

总之,各部门、各管理层次之间的分工是否科学、协作是否和谐、目标是否一致、配合是否默契,都会影响汽车营销管理的决策和营销方案的实施。汽车企业内部环境是搞好市场营销的基础,因此,企业管理者应强化企业管理,为市场营销创造良好的营销内部环境。

二、汽车市场营销渠道企业

1 供应商

供应商是向汽车企业及其竞争者提供生产经营所需的资源的企业或个人,包括提供设备、原材料、能源、零配件、劳务和其他用品等。供应商供应的原材料价格的高低和交货是否及时、数量是否充足、质量的好坏等,都会在一定程度上影响企业产品的成本、售价、利润和交货期。因此,汽车企业应该认真地研究和分析供应商,选择与那些信誉良好、货源充足、价格合理、交货及时的供应商合作,同时还应从多家供应商采购,避免对某供应商的过分依赖。

就汽车企业而言,企业的零部件(配套协作件)供应商尤为重要。汽车企业不仅要选择和规划好自己的零部件供应商,而且还应从维护汽车市场营销的长远利益出发,配合国家有关部门对汽车零部件工业和相关工业的发展施以积极影响。

2 汽车营销中介机构

汽车营销中介是指协助汽车企业从事市场营销的组织或个人,包括中间商、实体分配公司、营销服务机构和财务中间机构等。

(1)中间商。

中间商在汽车企业的营销活动中扮演着重要的角色,它帮助汽车企业寻找顾客并直接与顾客进行交易,从而实现汽车产品向最终用户的转移。汽车企业应该选择合适的中间商,与之建立相对稳定的协作关系,以提高企业的营销能力。

(2)实体分配公司。

实体分配公司包括仓储公司、物流公司等,它帮助汽车企业从原产地至目的地之间存储和移送汽车产品,调节汽车生产与消费之间的空间矛盾。汽车企业要通过综合考虑成本、运输方式、速度及安全性等因素来决定运输和存储商品的最佳方式。

(3)营销服务机构。

营销服务机构包括市场调查公司、广告公司、传媒机构、营销咨询机构等,协助汽车企业推出并促销其汽车产品到恰当的市场。汽车企业可以自设营销服务机构,也可委托外部营销服务机构代理相关业务,但应定期评估其绩效。

(4)财务中介机构。

财务中介机构包括银行、信贷公司、保险公司等,协助汽车企业融资或分担汽车产品购销储运风险,对汽车企业的市场营销起到很重要的作用。

三 顾客(汽车用户)

顾客是汽车企业为之服务的目标市场的对象,是汽车产品的购买者或使用者,也是汽车市场营销的出发点和归宿。汽车企业的一切营销活动都应以满足顾客的需要为中心,顾客是汽车企业最重要的微观环境因素。

按照汽车购买者及其购买目的的不同或用途不同,可将汽车用户分为消费者个人和集团组织两大类,前者构成汽车的消费者市场,后者构成汽车的组织市场。各类不同的汽车用户,对汽车的需求及其购买行为,有着不同的表现,汽车销售人员应认真地加以分析区别。

四 竞争者

竞争是市场经济的必然现象,任何企业都时时刻刻面临着形形色色的竞争对手,不可能独占市场。一个汽车企业要想获得较大的市场份额,在众多的竞争者中立于不败之地,除了满足目标市场汽车用户的需求外,还必须认真地研究竞争对手的销售战略,针对不同类型的竞争者,采取不同的竞争策略。

从消费需求的角度划分,企业的竞争者包括愿望竞争者、平行竞争者、产品形式竞争者和品牌竞争者。愿望竞争者指提供不同产品以满足不同需求的竞争者,如房地产企业和汽车企业;平行竞争者指提供能够满足相同需求的不同产品的竞争者,如摩托车企业和汽车企业;产品形式竞争者指同样生产汽车但生产不同级别、款式、性能汽车产品的竞争者,如生产高档轿车的企业和生产低档轿车的企业;品牌竞争者指生产同类型的汽车产品,但品牌不同的竞争者,如生产帕萨特轿车的上海大众汽车有限公司与生产雅阁轿车的广汽本田汽车有限公司。

五 公众

公众指对汽车企业市场营销目标的实现构成实际或潜在影响的一切社会团体和个人,一般包括金融公众、媒体公众、政府公众、社会团体以及一般公众等。在汽车市场营销活动中,营销管理者应该努力与公众建立良好的关系,公共关系活动在企业整体营销管理中占有重要的地位。

第三节 汽车市场营销的宏观环境

汽车市场营销的宏观环境指那些给汽车企业带来市场营销机会和形成环境威胁的外部因素。这些因素主要包括人口环境、自然环境、经济环境、科技环境、政治法律环境以及社会文化环境,是企业不可控制的变量。

一 人口环境

人口环境指一个国家和地区的人口总量、人口质量、家庭结构、人口性别、人口年龄结构、人口的收入分布以及地理分布等因素的现状及其变化趋势。汽车市场营销的人口环境因素主要有以下几个。

1 人口总量

一个国家或者地区的人口数量多少,是衡量汽车市场潜在容量的重要因素。一般来说,人口数量越多,这个汽车消费市场的容量就可能会越大。中国是一个人口数量庞大的国家,汽车消费市场具有很大的潜力。

2 人口质量

人口质量主要指人口受教育的程度,受教育程度不同的消费者在汽车消费过程中表现出明显的差异性。总的来说,在受教育程度较高的国家或地区,汽车的消费市场比较活跃。

3 人口年龄结构

人口年龄结构特点直接影响着汽车消费市场的消费特性,不同年龄结构的消费者,对汽车的喜好和选样表现出相当大的差异性。如青年人喜欢汽车具有活泼的外观和超越的驾驶性能;中老年人则喜欢汽车具有稳重的外观和较好的安全性。

4 人口收入情况及职业特点

人口的收入状况将直接决定消费者是否具备汽车消费能力以及汽车消费的层次。人口的职业特点将影响消费者对汽车车型的选择,不同职业特点的人在选择汽车的时候带有明显的职业性倾向。

二、自然环境

自然环境指影响汽车生产和使用的自然因素,包括自然资源状况、生态环境状况以及地理因素等方面。

1 自然资源状况

自然资源的减少将对汽车企业的生产和销售行为构成一个长期的约束条件。一方面,由于汽车生产需要消耗大量的自然资源,汽车工业越发达,原材料的短缺与生产成本的矛盾就越来越突出。这要求各大汽车企业大力研究新型材料,提高原材料的综合利用。另一方面,车用燃油供应量和价格受世界石油资源不断减少的影响,这对传统燃料汽车的发展产生制约作用,同时也给汽车工业的发展提出了新的发展方向。

2 生态环境状况

当前,生态环境日趋恶化,环境保护将日趋严格,而汽车的大量生产和使用又会造成环境污染。因此,加强环境保护对汽车的性能提出了更高的要求,势必增加汽车产品的开发难度,使成本提高,对汽车市场营销活动将产生重要影响。目前,各大汽车企业采取的主要措施有以下几种。

(1) 开发汽车新产品,加强对汽车节能、改进排放新技术的研究。例如,汽油机直喷技术、主动和被动排气净化技术等都是汽车工业适应环境保护的产物。

(2)积极开发新能源汽车。例如,电动汽车、燃料电池汽车、混合动力汽车及其他能源汽车等。

3 地理因素

这里的地理因素指影响汽车使用的各种客观因素,主要有:气候、地形地貌、公路交通、城市道路交通等因素。

(1)气候因素。

自然气候会对汽车使用时的起动、润滑、冷却、充气效率、制动等性能产生影响,同时,对汽车零部件的正常工作和使用寿命也产生直接影响。所以,汽车企业要根据目标市场的气候特点开发和销售汽车,并进行相应的技术服务,降低使用难度,从而使汽车用户科学使用本企业的产品。

(2)地形地貌因素。

地形地貌严重影响公路的质量(道路宽度、坡度、平坦度、路面质量、坚固度、隧道和道路桥梁等),而公路质量不同,对汽车产品的性能有着不同的要求,不但影响汽车的消费需求,而且影响消费的汽车车型。所以,汽车企业应针对不同的地形地貌特点,开发出性能不同的汽车产品。

(3)公路交通因素。

公路交通因素指一个国家或地区公路交通的作用、各等级公路的里程及比例、公路质量、公路交通量及紧张程度、公路网布局、主要附属设施等因素的现状及变化。

公路交通对汽车营销主要产生以下几方面影响。

①良好的公路交通条件有利于提高汽车运输在交通运输体系中的地位,有利于提高汽车运输的工作效率,提高汽车使用的经济性等,从而有利于汽车的普及。

②汽车普及程度的提高,有利于促进改善公路交通条件,从而为汽车营销创造更为宽松的使用环境。

(4)城市道路交通。

城市道路交通指城市的道路面积与城市面积的比例、城市交通体系及结构、城市道路质量、城市道路交通流量、城市道路密度以及车辆使用附属设施等因素的现状及其变化,它是影响汽车尤其是轿车使用的一个重要因素。

城市道路交通对汽车营销的影响与前述公路交通基本一致。当前,我国绝大多数城市道路交通的发展面临着巨大的压力,这对汽车市场营销的约束作用十分明显。

三 经济环境

经济环境指影响汽车企业市场营销方式与规模的经济因素,它为汽车市场营销提供了可能性。其中,影响较大的因素有经济的发展水平、收入发展水平、消费者储蓄和信贷等。

1 经济发展水平

一个国家和地区在进入耐用消费品与生产资料生产阶段之后,不仅人民生活必需品如冰箱、彩电等会普及开来,而且价格相对昂贵的汽车也会先后进入生产和生活。毫无疑问,我国的经济发展水平越过了耐用消费品与生产资料生产阶段,正迈步走在出口制成品生产阶段,汽车消费已经日益清晰地成为大众消费的主要目标。

在我国,公务车消费相对于经济的发展而言,是一个缺乏弹性的市场;而私家车消费则会随着国民经济的发展而发展。这就是说,真正可以表现经济发展与汽车消费关系者是私家车消费的轨迹。

2 收入的发展水平

国民收入不但是国民经济发展的必然结果,而且是国民经济发展的客观表现。国民收入越高,消费水平就越高,企业的营销机会就越多。对于汽车营销人员而言,必须注意分析汽车用户收入尤其是可支配收入的变动情况和分配情况。

3 储蓄与信贷状况

在收入固定的前提下,汽车用户的购买力大小还要受到储蓄与信贷的直接影响。因此,汽车营销人员不仅要了解消费者储蓄的状况,还要研究消费者的信贷状况。目前,各大汽车厂商纷纷依托银行的汽车信贷业务,推出分期付款的方式,促进消费需求的增加。

四 科技环境

科学技术环境指一个国家和地区整体科技水平的现状及其变化。科学技术环境作为汽车企业营销活动宏观环境的一个重要组成部分,不仅直接影响企业内部生产经营,还同时与其他环境因素相互依赖、相互作用。科学技术的发展必然会带来汽车性能、汽车材料、生产方式和营销技术的变化等。具体表现为以下三个方面。

1 科学技术对汽车性能的影响

如运用汽车导航系统、自动变速系统、雷达测距系统、指纹防盗系统、ABS、EBD、ESP、安全气囊等,不断地提高了汽车的安全性、舒适性、操控性,最大限度地满足了汽车消费者的需求,推动了汽车的消费。

2 科学技术对汽车材料的影响

如采用塑料、橡胶、玻璃、陶瓷等材料或者合成材料(如碳素纤维等)制成汽车,以达到质量轻、耐磨损、抗撞击、寿命长、故障少、成本低的特点。

3 科学技术对汽车销售的影响

目前,4S店的销售方式仍然是汽车销售的主要方式,但随着互联网技术的发展,网络营销已成为汽车销售的重要途径。

五 政治法律环境

政治因素主要指国家的政体、政局、政策等。政治体制决定经济体制,计划经济是"短缺经济",只能实行"统购统销"的分配制度;市场经济是"剩余经济",必须遵循"自产自销"的分配原则。同时,一个社会占主导地位的意识形态,以及它所表现出来的政治观、法律观、文化观、艺术观、哲学观、宗教观等,不但影响汽车的产品结构,如功能、造型、品牌、包装等,而且影响汽车厂商的营销组合。

法律因素指与汽车企业有关的经济法律、法规、法令等。其中,汽车政策是对汽车营销影响最大的法律环境。市场经济是"法制经济",汽车市场特别是轿车市场是"政策市场"。政策法规以国家机器作保证,为企业划定了可行与不可行的规矩。我国的汽车政策尚处在逐步完善的过程中,已经出台的汽车政策,主要包括汽车产业政策、汽车产品政策、汽车消费政策、汽车更新政策和汽车召回制度等。

六 社会文化环境

社会文化环境指一个国家、地区或民族的传统文化。社会文化的发展与变化,影响着人们的购买行为,从而要求汽车市场营销活动也随之发展与变化。例如,在20世纪60年代以前,经历了第二次世界大战的人们心理比较稳重、严肃,汽车颜色多以深色为主。后来,随着日本汽车工业的崛起,追求自由自在的生活成为时尚,汽车流行色变得以轻快、明亮为主。

大多数情况下,在汽车本身所表现出来的整体文化积淀,往往比其他产品更为强烈,具有鲜明的个性特征。如许多国家和民族把汽车看作代步的工具,而美国人则把汽车视为不可离开的伴侣。又如美国人的奔放、日本人的精细、欧洲人的贵族遗风等,都会在其消费的汽车产品上有所体现。因此,汽车市场营销必须将适应汽车文化作为一种基本的营销策略,顾及市场细分和目标市场的文化环境,从而提高产品、定价、分销和促销策略的针对性。

第四节 汽车市场营销环境分析

分析市场营销环境的目的在于寻求营销机会,避免环境威胁。营销机会指对企业具有吸引力,能够给企业带来竞争优势和丰厚利益的环境变化趋势;环境威胁指营销环境中对企业营销不利的各种趋势。

一 环境威胁分析

1 环境威胁矩阵

企业对环境威胁的分析主要从两方面考虑,一是分析环境威胁对企业的潜在危害,二是分析环境威胁出现的概率,如图 1-2-2 所示。

图 1-2-2 环境威胁矩阵

在图 1-2-2 中,第Ⅱ象限是企业必须高度重视的,因为它的潜在危害大,出现的概率也大,企业必须严密监视和预测其发展变化趋势,及早制订应变策略;第Ⅰ和第Ⅲ象限是企业不能忽视的,必须准备应有的对策措施,因为第Ⅰ象限虽然出现概率低,但一旦出现会给企业带来很大的危害,而第Ⅲ象限虽然潜在危害不大,但出现的概率却很大;第Ⅳ象限主要是注意观察其发展变化,看其是否有向其他象限发展变化的可能。

2 面对环境威胁的策略

环境变化对企业造成的威胁是企业市场营销面临的最大挑战,企业应做到冷静分析、沉着应付。面对环境威胁,汽车企业可以采取以下三种策略。

(1)对抗策略。

对抗策略要求尽量限制或扭转不利因素的发展。比如,企业通过各种方式促使或阻止政府或立法机关通过或不通过某项政策或法律,从而赢得较好的政策法律环境。显然,企业采用此种策略时必须以企业具备足够的影响力为基础,一般只有大型企业才具有采用此种策略的条件。此外,企业在采取此种策略时,其主张和所作所为应同潮流趋势一致。

(2)减轻策略。

减轻策略要求企业面对不可控不利因素发展时,尽量减轻营销损失。一般而言,环境威胁只是对企业市场营销的现状或现行做法构成威胁,并不意味着企业就别无他途。只要企业认真分析环境变化的特点,找到新的营销机会,及时调整营销策略,不仅减轻营销损失是可能的,而且谋求更大的发展也是可能的。20 世纪 70 年代的石油危机,使得日本国内对汽车的需求一落千丈,但日本丰田公司将新的起点瞄准在资源的有限性上,有力地开展了节省资源、节省能源、降低成本的运动,迎合了美国人由大型车转向节省燃油的小型车的汽车需求,迅速占领了美国市场。

(3)转移策略。

转移策略要求企业将面临环境威胁的产品转移到其他市场上去,或者将投资转移到其他更为有利的产业上去,实行多角化经营。

二、营销机会分析

1 营销机会矩阵

企业对营销分析主要有两个方面:一是考虑机会给企业带来的潜在利益;二是考虑企业获得成功的概率,如图1-2-3所示。

在图1-2-3中,第Ⅱ象限是企业必须重视的,因为它潜在的利益和成功概率都很大;第Ⅰ象限和第Ⅲ象限也是不容忽视的,因为第Ⅰ象限虽然成功概率低,但一旦成功会给企业带来很大的潜在利益,第Ⅲ象限虽然潜在利益不大,但成功的概率则很大;对第Ⅳ象限主要是观察其发展变化,并依据变化情况及时采取措施。

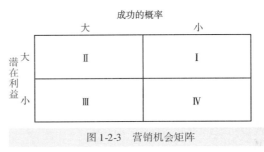

图1-2-3 营销机会矩阵

2 面对营销机会的策略

环境变化给企业带来的营销机会是企业市场营销最喜欢看到的,但企业也应做到冷静分析、沉着应对。面对营销机会,汽车企业可以采取以下三种策略。

(1)及时利用。

从理论上来讲,机会是公开的,而且机会是有时限性的。因此,企业通过分析,当机会属于第Ⅱ象限时,应随时关注竞争对手的存在,及时利用。

(2)适时利用。

由于机会在理论上和实践上是不平等的,企业应该充分估计到机会中所包含的风险。因此,企业通过分析,当机会属于第Ⅰ、Ⅲ象限时,要参照竞争对手的情况,适时利用。

(3)果断放弃。

机会是多种多样的,对一个企业来说,有的机会很重要,有的并不太重要。因此,企业通过分析,当机会属于第Ⅳ象限时,为了更好地抓住主要机会,可以果断放弃。

三、威胁——机会分析

在企业实际营销环境中,单纯的环境威胁和营销机会是很少见的。一般情况下,是两者并存的。根据威胁程度和机会程度的不同,会有四种不同的结果,如图1-2-4所示。

理想型环境处于高机会、低威胁的水平,利益远大于风险,是企业难得遇上的好环境,企业必须抓住机遇,充分发挥企业的优势,开拓经营,创造营销佳绩,密切注意威胁因素的变动情况,万万不可错失良机。

图1-2-4　环境威胁——机会矩阵

冒险型环境处于高机会、高威胁的水平,是机会与威胁同在,利益和风险并存,企业应在调查研究的基础上,进行全面分析,发挥专家优势,审慎决策,但要勇于冒风险,限制、减轻或转移威胁因素,使企业善于在风险中求生存发展。对于我国汽车企业而言,大型企业更多的可能处于这类环境。

困难型环境处于低机会、高威胁水平,风险远大于机会,企业的处境已十分困难,出现危机,既存在危险,又可能是机会,企业应当因势利导,发挥主观能动性,反抗和扭转对企业不利的威胁因素,如大势已去,无法扭转,则必须果断地实行撤退和转移,调整目标市场,经营对企业有利、威胁程度低的产品。

成熟型环境处于低机会,低威胁的水平,是一种比较平稳的环境,但成熟并不表示企业经营环境处于良好状态,低机会限制企业的发展,企业应当居安思危,为进入理想环境或冒险环境做准备。

四 SWOT 分析

SWOT 分析,即基于内外部竞争环境和竞争条件下的态势分析,就是将与研究对象密切相关的各种主要内部优势、劣势和外部的机会和威胁等,通过调查列举出来,并依照矩阵形式排列,然后用系统分析的思想,把各种因素相互匹配起来加以分析,从中得出一系列相应的结论,而结论通常带有一定的决策性。运用这种方法,可以对研究对象所处的情景进行全面、系统、准确的研究,从而根据研究结果制订相应的发展战略、计划以及对策等。S(strengths)、W(weaknesses)是分析内部营销环境所得出的因素,O(opportunities)、T(threats)是分析外部营销环境所得出的因素。

1 内部环境优势 S 和劣势 W 分析

汽车企业的内部环境包括企业的营销能力、财务能力、制造能力及组织能力等,企业的优势和劣势都是相对的,对比对象可以是目标竞争对手或业界平均水平状态。衡量一个企业及其产品是否具有竞争优势,只能站在现有潜在用户角度上,而不是站在企业的角度上。

企业一旦分析出自身的优势和劣势,就要科学利用。对待优势,企业尽量利用与本次机会相关的优势,使其作用发挥至最大化;对待劣势,企业尽量避免使用,或者在考虑成本的前提下改进容易改进的,将劣势转变为优势,加以利用。

2 外部环境机会 O 和威胁 T 分析

汽车企业的外部环境包括宏观环境和微观环境中的汽车市场营销渠道企业、顾客、竞争者和公众,分析外部环境会发现企业所面临的机会和威胁,机会即一个公司通过工作能够盈利的需求领域;威胁即一种不利的发展趋势所形成的挑战。

3 SWOT 矩阵分析

对企业的内部优势、劣势和外部机会、威胁分析之后,将全部信息填入 SWOT 矩阵中,进行综合分析,可以组合出四种战略,如图 1-2-5 所示。

SO 战略:优势机会战略,即企业充分发挥自身优势、利用机会战略。

ST 战略:优势威胁战略,即企业依托自身优势克服环境威胁战略。

WO 战略:劣势机会战略,即企业通过克服自身劣势来利用机会战略。

WT 战略:劣势威胁战略,即企业通过克服自身劣势来避免外部威胁战略。

汽车企业可以在四种战略中找出最有利于企业发展的战略,可以是一种战略也可以是多种战略并用,帮助企业决策者作进一步的工作计划。

内部\外部	O	T
S	SO	ST
W	WO	WT

图 1-2-5 SWOT 矩阵图

案例:SWOT 分析

吉利汽车 SWOT 分析

优势 S:共有七个优势。
(1)在低端市场国内本土企业具有成本优势;
(2)产品性价比高;
(3)吉利已经将企业核心竞争力从成本优势向技术优势逐渐过渡;
(4)吉利是自主品牌当中产品布局最均衡合理的车企,车型布局趋于完善,轿车、MPV、SUV 均有涉足,价格区间横跨 4 万~22 万,基本覆盖主流销量区间;
(5)吉利品牌价值逐渐增强,吉利和沃尔沃联合推出中高端品牌领克 Lynk&Co;
(6)分品牌营销策略增强了吉利汽车整体的市场竞争能力;
(7)吉利已经进军新能源汽车市场。

劣势 W:共有五个劣势。
(1)相对于合资品牌来说,品牌力仍然不足;
(2)宣传力度不够,吉利汽车在各个地区的宣传力度明显不及其他自主品牌的汽车;
(3)质量不尽人意,由于吉利汽车在各个地区的服务站比较少,所以导致吉利汽车故障维修时很费时间,从而使得大众认为吉利车质量不好;
(4)售后服务不够完善,因为吉利所设的服务站相对较少,而且服务站条件并不是很高

级,所以使消费者对于吉利汽车的售后服务很没有信心;

(5)吉利车系内部"重贵轻贱",吉利汽车旗下的几款品牌没有平衡发展。

机会O:共有四个机会。

(1)继续向其他地理区域进行市场扩张,有望扩大市场份额,产品出口俄罗斯、伊拉克、伊朗等四十多个国家和地区;

(2)中国经济的增长;

(3)市场需求增长强劲;

(4)消费者对自主品牌汽车的接受程度逐渐提高。

威胁T:共有五个威胁。

(1)竞争对手众多,例如:长城哈弗、奇瑞、长安等;

(2)国家政策对绿色环保的倡导;

(3)新能源汽车的出现,例如:电动车、油电混合、氢能源动力汽车和太阳能汽车等;

(4)城市堵塞问题日益严重;

(5)燃油价格上涨。

SO战略:

(1)加大资金投入,提高自身研发能力,实现企业的核心竞争力从成本优势向技术优势过渡,以占领需求巨大的国内汽车市场和国外汽车市场;

(2)研发和投入大量新车,满足中国和国外汽车市场消费群体的不同需求;

(3)继续向东南亚、非洲等地区加大出口扩张,寻求发展,扩大市场份额;

(4)重视中高端品牌领克Lynk&Co的发展,实现品牌升级,扩大市场份额。

WO战略:

(1)利用沃尔沃的品牌能力,提高吉利品牌知名度,摆脱低端品牌形象,实现战略转型;

(2)利用沃尔沃多年沉淀的技术体系与"最安全车"的品牌形象,打造吉利汽车"安全牌",实现吉利旗下品牌的重新定位,吸引客户;

(3)增加服务站的数量和服务能力,提高客户的售后服务满意度和用车感受,吸引客户。

ST战略:

(1)在能源汽车市场上继续加大投入开发,进行技术创新,适应绿色新能源政策;

(2)依靠自身的成本优势和技术优势,继续稳固自主品牌汽车市场的份额,紧跟长城哈弗、奇瑞、长安等竞争对手。

WT战略:

(1)加大品牌宣传力度,使产品的品牌观念深入人心,稳固自主品牌市场,抗衡竞争;

(2)在守住已经占领的市场的前提下,逐渐对沃尔沃技术、文化进行吸收,发展中高端市场,抗衡竞争。

任 务 书

汽车企业＿＿＿＿＿＿　　调研地区＿＿＿＿＿＿　　小组编号＿＿＿＿＿＿
小组成员＿＿＿＿＿＿＿＿＿＿＿＿＿＿＿＿＿＿＿＿＿＿＿＿＿＿＿＿＿
调研某汽车企业在某一地区的市场营销环境。
一、收集整理汽车企业面临的各项市场营销环境资料。

二、对汽车企业的市场营销环境进行 SWOT 分析。

第三章 汽车市场调查与预测

学习目标

本章旨在通过学习汽车市场调查与预测的相关内容,使学生掌握汽车市场调查与预测的方法,并能够独立对一项调查项目进行调查和分析,最终形成汽车市场调研报告。

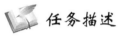
任务描述

本章共九项任务:
(1) 确定调研题目;
(2) 分析调查项目;
(3) 确定信息源;
(4) 完成问卷;
(5) 确定调查时间、地点;
(6) 选择调查方法;
(7) 实施调研;
(8) 分析调研结果;
(9) 提出意见和建议。

学习引导

本章学习可以采用以下顺序:

| 引出任务 | → | 分小组(5~6人/组)、选定车型 | → | 学习相关内容 | → | 完成任务书 |

第一节 汽车市场调查与预测的作用

汽车市场调查与预测的作用如下。

1 帮助企业掌握产品市场现状

对于产品已经在市场上销售一段时间的汽车企业来说,从汽车产品研发至卖到顾客手中,以及后期的维修和维护工作都占用了企业大量的人力和财力,因此,有必要通过市场调查与预测的方法,对现有产品市场进行调查和研究,以掌握现在市场上本企业产品的销售现状和整个产品市场的现状,调整本企业在未来一段时期的投资计划和销售策略。

同样,对于计划扩充产品线、生产新产品的汽车企业来说,也有必要通过市场调查与预测的方法,对现有产品市场进行调研。在产品投产之前,先了解本企业研发的新产品是否有市场潜力,以避免产品盲目投产对企业造成损失。

2 帮助企业了解客户需求

汽车市场现在处于买方市场阶段,顾客有择优选择权。企业生产出的产品是否被顾客选中并购买,直接取决于产品是否满足顾客的需求。所以,在新产品研发初期,有必要对本国或者本地区的顾客需求进行调查了解,调整产品以适应顾客需求,最终获得高的市场占有率和增长率。

3 帮助企业了解竞争对手情况

不论是国内还是国外,都将汽车产业作为龙头产业大力发展,任何一个档次的汽车产品都拥有众多的竞争对手。所以,对于任何汽车企业,想要在汽车市场中立于不败之地,必须对竞争对手进行调查和分析,学其优避其短,以生产出优于竞争对手的产品,制订出强于竞争对手的产品组合策略。

4 帮助企业了解新进市场情况

在全球经济发展的大环境下,汽车企业纷纷打入国际市场,谋求跨区域发展。但是,由于政治环境、经济环境、顾客需求等的不同,本国销售良好的产品不代表在国外市场同样畅销。所以,在企业打算进入国外市场前,有必要对新市场进行调查和分析,帮助企业调整产品和销售渠道,以适应新市场。

案例：汽车市场调查与预测作用

丰田汽车进入美国市场

1957年，丰田公司第一批汽车"丰田培特"出口到美国，但销售业绩惨淡，惨败而归。因为，该汽车有极为明显的缺陷：发动机噪声大，内饰十分粗糙，车灯太暗，车内空间较小，未达到加利福尼亚州的标准等，与美国消费者购买汽车的需求相去甚远。其价格定在2300美元，而当时美国的畅销车型德国大众的甲壳虫售价也只有1600美元。使得"丰田培特"在美国的销售没有竞争优势，第一年仅销售了288辆。

丰田公司第一次进军美国市场的失败并没有让日本人放弃美国市场，为了在美国市场站稳脚跟，争得市场份额，丰田公司决定重整旗鼓，重新思考对策。当时，他们制订了一套重新认识美国市场的市场调研计划，从认识美国消费者对汽车的需要开始，认真分析其需求，调整车辆性能，为第二次进入美国市场做准备。

丰田公司的市场调研以三条主线进行：第一，美国消费者对汽车有什么需求？第二，美国的经销商代理国外汽车品牌有什么需求？第三，分析美国汽车市场上除美国、日本外的其他国家汽车公司汽车销售的优势和劣势，以借鉴成功优势和避免失败劣势。丰田公司利用各种渠道进行这项调研工作，除了通过日本政府提供信息，综合商社、外国人士以及公司雇员进行情报搜集以外，还委托一家美国研究公司对德国大众汽车的车主进行调查，以了解消费者对大众车满意和不满意的地方，并且，丰田公司仔细研究了美国的风俗、习惯、路况等。调研表明，美国市场的需求正在发生变化：美国人由于身材较高，车内空间较小会减弱他们的驾乘舒适感，他们喜欢更大的伸腿空间；越来越多的美国人不再将汽车看作地位和个性的象征，而是变得较为实际和理性，更多人是将其看作实用的交通工具，例如会考虑购买成本、省油性能、耐久性及维修方便等；美国的汽车保有量逐年上升，交通堵塞所引起的挫折感困扰着美国人，他们希望拥有比较容易停泊而且能够灵活穿梭于道路之间的小型汽车；经销商的积极性不高，需要有效的激励措施。这一研究同时表明，甲壳虫之所以获得成功，很大程度上要归功于它所建立起来的完整服务系统，通过提供值得信赖的维修，大众汽车公司克服了美国顾客对于外国车售价昂贵、零配件经常短缺的恐惧。

经过针对美国市场的调查研究，丰田公司重新整理产品研发方案，在"丰田培特"的基础上进行改进，研发出了适合美国消费者需要的丰田"可乐娜"。丰田公司对经销商也进行了仔细的挑选，从位于加利福尼亚州的桥头堡出发，向东拓展其领地，聘请了许多"富裕而有权势"的人担任其经销商，并由他们在美国国内招募第二级经销商。在激励方面则采取提成模式，经销商每售出一辆丰田"可乐娜"，即可提成181美元，并且，在车辆销售的同时，配套以完整的服务系统。经过一系列改进措施，丰田公司在美国的经销商数量在1965年达到了384家，在1976年变成了1000多家，到了1980年，丰田汽车在美国市场的年销量为58万辆，占美国进口车总销量的25%。

丰田公司第二次进军美国市场取得了成功,其根本原因在于其成功的市场调研,准确地把握了汽车市场的真实需求。

第二节　汽车市场调查与预测的内容和方法

一、基本概念

1　市场调查

市场调查指运用科学的方法,有目的、有计划、系统地收集、整理和分析研究有关市场营销方面的信息,提出解决问题的建议,供营销管理人员了解营销环境、发现机会或找出存在的问题。市场调查是市场预测的基础和依据。

2　汽车市场调查

汽车市场调查指以汽车消费者为特定的调查对象,运用科学的方法,有目的、有计划、系统地收集、整理和分析有关汽车市场营销方面的信息,提出解决问题的建议,供汽车企业管理人员了解汽车市场、汽车产品、竞争对手、消费者及营销策略。

3　市场预测

市场预测指在市场调查的基础上,运用预测理论与方法,对市场未来的发展和变化趋势做出定性描述和定量化推断,以帮助企业对产品和营销组合策略做出调整,适应市场的发展。

4　汽车市场预测

汽车市场预测指在汽车市场调查的基础上,运用预测理论与方法,对市场未来的发展和变化趋势做出定性描述和定量化推断,以帮助汽车企业对汽车产品和营销组合策略做出调整,适应汽车市场的发展。

5　问卷

问卷又称调查表,指以书面形式系统地记载调查内容,了解调查对象的反应和看法,以此获得资料和信息的一种工具。

6　信息源

信息源指有关事件的记录或信息内容发生和存在的地方,也就是人们所要收集资料的地方或对象。

7 总体

总体指信息源全体成员。

8 样本

样本指从总体中抽取出来作为调查对象的成员。

⬛ 汽车市场调查与预测步骤

进行一项完整的汽车市场调查与预测,共需要三大步(图1-3-1)。

图1-3-1 汽车市场调查与预测步骤

1 调查准备阶段

在进行市场调查与预测之前,对调查过程相关工作进行规划和安排,形成市场调查方案策划书,以指导整个调查与预测过程。

市场调查方案策划书包括以下内容。

(1)确定调查项目:将调查课题要解决的问题转化为调查项目,即由多个组合问题来探索课题要了解的信息,并形成调查总问卷,问卷的编写方法见本节第三部分。

(2)确定信息源:对调查问卷中的问题进行归类,将属于同一个调查对象的问题归类成子问卷,并确定各子问卷的调查对象。

(3)选择调查方式:确定具体的调查时间、调查地点和调查方法。

(4)估算调查费用:做出较详细的细分工作项目费用计划,要考虑周全并在调研过程中严格执行。调查费用一般包括:调查员的费用、被访者礼品费、交通费、资料费等。

(5)填制调查项目建议书:将以上四项内容以书面形式提交给委托单位,由负责人审批。建议书通过审批后继续以下工作,未通过审批则进行修改和调整。

(6)安排调查进度:将调查工作按时间进行划分。

(7)编写市场调查方案策划书:将以上内容整理成市场调查方案策划书,内容包括:前言、摘要、调查项目、信息源、调查方式、调查费用、调查进度及附件,附件中一般要提供参与本方案的人员名单、各人专长、人员分工,还要列出相关技术参数、使用的软件,同时附上问卷。

2 调查实施阶段

(1)收集信息:使用问卷进行实际调查,收集资料和信息,由人员或网站完成。

(2)加工信息:用问卷收集来的资料是零散的、反映表象的,为了便于分析研究,工作人员借助于相关软件对信息进行整理、汇总,使信息更有条理。

3 分析总结阶段

(1)分析信息:该步骤由专家和应用专业软件完成,对整理和汇总后的调查资料进行分析,深究表象下的真正原因,并找出应对措施。

例如,调查资料显示的信息为:本产品在部分地区销量下滑比较明显。经过分析研究,发现真正原因为:在这些地区出现了类似产品,并且优于本公司产品。基于此,应对措施为:对本公司产品进行改良,以提高产品的竞争优势,并对销量下滑地区进行销售策略调整,以争取同类产品的市场占有率。

(2)编写调查报告:将市场调查的原始资料、分析结果及应对措施三部分内容有机结合,形成调查报告,呈报给委托单位。具体调查报告编写方法见本节第六部分。

三 汽车市场调查问卷设计

1 问卷的设计步骤

设计一份完整、科学的问卷需要五大步(图1-3-2)。

图 1-3-2 问卷的设计步骤

(1)形成项目阶段:将调查课题进行分析、归类,明确调查课题要解决的问题、要获得的资料,并将资料进行细化,形成项目。

例如,调查课题是:2018 年 A 产品国内销量下滑。那么,针对该课题,要解决的问题为:找出销量下滑的原因,并给出解决方案。要获得的资料为:A 产品近几年的销售数据资料,销量下滑地区排名资料,与产品相关的国家和行业政策、经济环境和竞争对手资料以及产品的顾客需求资料。大致形成以下七个项目:①A 产品自 2013 年到 2018 年全国总市场年销售量、年销售额;②A 产品自 2013 年到 2018 年各地区市场年销售量、年销售额;③近两年国家出台的产业相关政策;④近两年国内人均收入数字及货币购买力数字;⑤国内市场中主要竞争产品情况;⑥国内市场中主要竞争对手销售策略情况;⑦国内 A 产品主要客户群需求情况。

(2)形成问题阶段:将属于同一个信息源的调研项目归类,再对每个项目进行细化,形成问题。

例如,以上七个项目可以归为四大类:①②属于同一个信息源,即企业市场、销售部门;

③④属于同一个信息源,即国家政策、经济单位出台的文件;⑤⑥属于同一个信息源,即竞争对手资料;⑦属于同一个信息源,即产品消费者。

再对项目细化形成问题。例如第⑦项针对消费者,大致分为三部分:顾客是否有更好的选择;由于经济原因顾客持币待购;该细分市场需求已经饱和。问题可细化为:

  a:您是否购买过 A 品牌汽车?
    是   否
  b:您觉得 A 品牌汽车的价格是否合适?
    是   否,原因＿＿＿＿＿＿＿
  c:您觉得 A 品牌汽车的性能怎么样?
    挺好的 没印象 不好,原因＿＿＿＿＿＿＿
  d:您今年是否打算购买汽车?
    打算 不打算 ＿＿＿＿年后打算
  e:如果您打算购买汽车,是否会选择 A 品牌汽车?
    是   否,原因＿＿＿＿＿＿＿
  f:您不打算购买汽车的主要原因是?
    经济情况 已经购买 其他＿＿＿＿＿＿＿
  g:您觉得 A 品牌产品哪方面需要改进?
  ＿＿＿＿＿＿＿＿＿＿＿＿＿＿＿＿＿＿＿＿＿＿＿＿＿＿＿＿＿＿

(3)形成问卷阶段:对各类信息源细化成的问题,可进行加工、整理,形成四份问卷,分别收集调查课题相关资料。

(4)试答修改阶段:对形成的问卷,可进行小范围内的试答,检查该问卷调查资料的信息是否与调查课题一致,对于不完善的问题进行增加、删除和修改,使问卷能够客观、全面、科学地反应调查课题存在的真实问题。

(5)完成付印阶段:对修改完善后的问卷,再次检查文字和版式,交付打印。

2 问卷的结构

问卷的结构大致分为三大部分:卷首、主体、结尾。

(1)卷首:该部分内容是问卷说明,一般包括调查意图、填表方式、调查时间、调查地点、答卷人的姓名、职业、联系方式等。

(2)主体:该部分内容主要由问题组成。

(3)结尾:该部分内容主要包括调查员签字、问卷编号。调查员签字是为了明确责任,问卷编号是为了便于统计。

3 问题的设计

(1)问题的分类:按照答案形式的不同,问题可分为封闭式、半封闭式和开放式。

封闭式问题指问题的答案数是一定的,答题人只需要在众多选项中选择一个或多个答案就完成答题。

半封闭式问题指问题的答案数不定,答题人的答案不在众多选项中,一般列为"其他",让答题人自己填写。

开放式问题指问题下没有任何答案选项,需要答题人自行发挥答题。

(2)设计问题的方法。

①选择法:一个问题附有多个选项,答题人需要从中做出选择。

②顺位法:一个问题附有多个选项,答题人需要将各选项按照某个标准进行排列。

例如:请按照您的喜好程度对以下几种汽车品牌进行排位。

  宝马 奔驰 丰田 大众 现代 通用 本田

③自由回答法:一个问题不附有任何答案,让答题人自由回答。

④测试法:一个问题附有一个刺激物,让答题人在不使用该刺激物前先行答题,然后使用刺激物对答题人进行刺激,让答题人再次答题,测试该刺激物的作用。

例如:你对该产品的印象如何?

   好 无印象 不好

刺激物为该产品广告。此问题用来测试产品新投放广告的效果。

4 问卷的注意事项

(1)问卷中的问题排列应先易后难,以免答题人在前面遇到难题而对后面的问题失去耐心。

(2)问题要简明易懂,以免答题人在阅读问题时产生歧义,给出错误答案。

(3)问题不要涉及答题人的隐私,以免答题人逃避回答或给出错误答案。

(4)问题要使用尊称,使用礼貌用语,让答题人有被尊重的感觉。

(5)问题数量要控制在10个以内,答题时间尽量控制在15min以内。

(6)问卷版式要清晰、有条理,印刷效果良好。

案例:问卷示例

汽车市场需求调查问卷

答卷人姓名: 联系方式:

调查时间: 调查地点:

尊敬的顾客朋友:您好!

我是××汽车销售服务公司市场部的一名工作人员,正在做一项关于汽车市场需求的调查。您的意见对我们的进步与改善非常重要,希望您能花几分钟帮助我们完成下面的问卷,谢谢您的合作!

请您在选择项上打"√"。

1. 您是否已有汽车?
   A. 有   B. 没有
2. 如果您购买汽车,预期价位是多少?
   A. 10万以下   B. 10万~20万   C. 20万~40万   D. 40万以上
3. 您想购买汽车的品牌是哪类?
   A. 国产   B. 日系   C. 欧美系   D. 其他_____
4. 您在选购轿车的时候除了考虑具体车型外,还会注重哪些元素?
   A. 车体颜色   B. 造型外观   C. 内饰零件   D. 品牌价格
   E. 其他_____
5. 您认为购置汽车后,车辆的主要花费(占年消费>30%)在哪个方面?
   A. 维护费   B. 停车费   C. 购买车的相关配件费
   D. 保险费   E. 其他_____
6. 您购买汽车的目的是什么?
   A. 交通需要   B. 载运货物   C. 身份象征   D. 其他_____
7. 影响您购车的因素是什么?
   A. 性能   B. 油耗   C. 价格   D. 服务
   E. 其他_____
8. 您通过何种途径了解汽车信息?
   A. 电视   B. 展销会   C. 网络   D. 广播
   E. 朋友介绍   F. 其他_____

您的个人信息及家庭情况:
1. 您的性别?
   A. 男   B. 女
2. 您的年龄?
   A. 25岁以下   B. 25~35岁   C. 35~50岁   D. 50岁以上
3. 您的文化程度?
   A. 初中以下   B. 初中或中专   C. 高中   D. 大专
   E. 本科   F. 研究生   G. 其他_____
4. 您的职业?
   A. 在校生   B. 公务员   C. 公司职员   D. 私营业者
   E. 其他_____
5. 您家庭平均月收入?
   A. 5000元以下   B. 5000~8000元   C. 8000~10000元
   D. 10000~15000元   E. 15000~20000元   F. 20000元以上

调查员签字: 问卷编号:

四 汽车市场调查的方法

在具体实施过程中,汽车市场调查常用的调查方法有以下五种:面访调查法、电话调查法、观察调查法、网络调查法及抽样调查法。

1 面访调查法

该种方法由调查人员和答题人面对面地开展,一般借助于调查问卷。根据寻找答题人的方式不同分为两种:路边拦截面访和登门入户面访。前一种方法是调查人员在路边随机访问过路人,后一种方法是调查人员按照某种选择方法对某块区域的住户进行登门拜访。

面访调查法的优点:调查人员可以根据实际需要追问答题人更加详细具体的内容,并对答题人的具体反应进行记录。其缺点:单个调查人员的工作量有限,比较浪费时间和人力成本,工作开展较慢。

2 电话调查法

该种方法由调查人员通过电话向答题人进行提问,答题人当场回答。根据选择答题人方式的不同可以分为:随机电话调查法和甄选电话调查法。前一种方法是调查人员事先没有对电话号码进行筛选,对某段电话号码挨个拨打进行调查,后一种方法是调查人员按照某种选择方法对电话号码进行筛选,然后对符合要求的目标答题人进行调查。

电话调查法的优点:可节省时间和人力成本,工作开展较快,且可避免面对面访问中答题人不配合答题的尴尬场面。其缺点:由于答题要求不是当面提出,较容易出现被调查者不配合调查的情况,而且答题人容易对开放式题目的回答敷衍了事。

3 观察调查法

该种方法为调查人员不向任何人提问,只是通过观察某种现象来获取信息。根据调查课题的目的可以分为:效果观察调查法和数量观察调查法。前一种方法是调查人员对某种产品或方法的效果进行调查以获取信息。例如,调查户外广告效果,可以通过观察路人路过户外广告时是否留意广告来调查。又例如,调查超市中货物放在何位置顾客容易注意到,可以通过观察超市中进来的客户首先驻足拿起货物的货架位置。后一种方法是调查人员在某个位置对某种产品或现象的数量进行统计以获取信息。例如:调查某个城市的车流量,可以在城市主要路口安排调查人员,分时间段统计车辆的通过量。

观察调查法的优点:不经过答题人回答,由调查人员直接获取信息,信息资料客观真实。其缺点:单个调查人员的工作量有限,比较浪费时间和人力成本,工作进度较慢。

4 网络调查法

该种方法为调查人员通过网络来获取信息。根据调查资料获取方式的不同可以分为:

搜索调查法和在线调查法。前一种方法是调查人员按照某些关键词,在搜索引擎上搜索已发表的资料,以获取信息,后一种方法是调查人员在相关网站上上传问卷,由网页浏览者在线回答获取信息。

网络调查法的优点:资料获取速度快,工作效率高,节省时间和人力成本。其缺点:搜索的已发表资料可能不代表当下情况,要注意信息的时效性。

5 抽样调查法

该种方法为根据实际需要确定样本大小和抽取方法,从总体中抽取出一个样本,通过调查样本中被调查者的具体信息来了解总体的信息,即用样本的调查特征反映总体的特征。要保证抽样调查法的结果真实、科学,关键在于样本的选择,样本必须具有代表性。抽样调查法通常和前四种调查方法结合使用。

抽样调查法的优点:可减少调查工作量、缩短调查时间及缩减调查成本。其缺点:选择样本比较难。样本选择不当,调查特征完全不能或部分不能反映总体的真实情况,从而使企业做出错误的决策。

五、汽车市场预测的方法

在具体实施过程中,汽车市场预测常用的方法有两种:定性预测分析法和定量预测分析法。在本书中只学习定性预测分析法。

定性预测分析法是从事物质的方面去分析和判断,把握事物的发展规律和发展方向,根据预测者的个人经验和判断能力,对市场未来的发展做出预测。例如:头脑风暴法。

头脑风暴法又称智力激励法,是由参加会议的专家成员在轻松、和谐的气氛中,通过相互间的启发、相互激励,不受约束地就某项事物充分发表自己的看法,总结人员对众多意见进行记录、归类,并从中找出事物的发展规律和发展方向,从而对未来市场做出预测。

头脑风暴法预测结果是否具有实用性和科学性,取决于专家的选择。所以,在使用头脑风暴法进行预测时,对专家的选择有很严格的要求。

1 对专家的要求

(1)尽量从同等职位中选择受邀专家,如果从不同职位中挑选,禁止宣布受邀者的职位。如果参加人员了解到成员中有领导或权威,可能会对发表意见有所保留或随声附和。

(2)邀请的专家数目一般在10~15人。人数太多或太少,都不利于思维激发、持续时间内更深入地讨论问题。

(3)选择专家不仅要看其经验、知识,还要看其是否善于表达自己的意见。表达意见不准确或不充分,都会影响会议的进行和讨论结果。

(4)不允许参加会议的专家批评或指责别人的看法和意见。

(5)不允许参加会议的专家私下交谈,不得宣读事先准备好的发言稿。

2 头脑风暴法的步骤

头脑风暴法步骤见图1-3-3。

图1-3-3 头脑风暴法步骤

(1)主持者提出待解决问题,例如:如何提高汽车企业的经济效益?

(2)主持者引导与会专家发表意见,例如:怎样降低汽车成本?怎样扩大市场?怎样减少原材料库存和整车库存,加快资金周转?怎样提高效益?怎样提高工艺技术水平?怎样提高企业管理水平、决策水平?怎样提高职工素质、调动积极性、增强凝聚力?等等。

(3)专家自由讨论:与会专家充分自由地发表自己的意见和建议,并借助于其他成员之间的智力碰撞,激发出大量创造性设想。

(4)加工整理有价值意见:主持者根据记录人员的会议记录,召集有关工作人员对所有意见和建议进行认真筛选,尤其是对有价值的设想进行重点研究和正确评价,并进行加工整理,去掉不合理及不符合实际的部分,补充、增加合理的内容,使有价值的设想更完善及具有实用价值。

六 汽车市场调研报告的撰写

当某项汽车调研项目完成市场调查和预测后,根据调查预测分析结果,结合专家给出的意见和建议,调查人员将可行性意见和证明材料形成书面资料上交给调查委托单位,供汽车企业领导层参考使用。形成的书面资料即汽车市场调研报告,它是一项调研项目最终成果的主要表现形式。

1 市场调研报告的内容和格式

市场调研报告没有统一规定的内容和格式,调研项目的类型、性质、委托方的要求、调研人员的经验等因素的不同,都会导致市场调研报告的差异。

尽管有所不同,但大致的内容和格式是一致的,一般的市场调研报告包括以下九部分。

(1)封面:该部分内容包括项目名称、受托单位名称、地址、电话号码、传真、电子邮件、委托单位名称、报告完成日期等。

案例:封面示例

国内汽车消费者购买动机调查报告

受托单位:×××营销调研公司
地　　址:
电　　话:
传　　真:
电子信箱:
委托单位:×××汽车有限公司

××××年××月完成

（2）委托信：委托信是客户在调研项目正式开始之前写给调研者的，它具体表明了客户对调研承担者的要求。

 案例：调查服务委托信示例

委 托 信

委托人

姓名：　　　　　　　性别：　　　　　　　籍贯：

电话：　　　　　　　手机：　　　　　　　身份证：

住址：

受托人

姓名：　　　　　　　性别：　　　　　　　籍贯：

电话：　　　　　　　手机：　　　　　　　身份证：

住址：

委托人授权委托受托人全权代理对相关信息进行调查。

调查事项：

服务标准：

委托期限：

费用分配：

调查服务费：

信息资料费：

收益提成费：

委托人义务：委托人必须承诺所提供原始资料真实可靠，承诺调查目的和调查信息的用途合理合法，并承诺在委托期限之内，不得另行委托其他机构或个人介入调查。委托人违反此项归责条款，受托人可以随时声明终止调查，并且有权继续追收全部服务费用。

受托人义务：认真履行受托义务，并及时做出客观真实的信息调查报告。

保密条款：委托人承诺对此项委托严守秘密，如有泄漏应当承担由此引发的一切责任。受托人承诺对此项委托以及调查结果严守秘密，并以分级保密制度提供委托服务。

委托人（章）　　　　　　　　　　　　　　　　受托人（章）
　　年　月　日　　　　　　　　　　　　　　　　　年　月　日

(3) 目录:目录中详细列明调研报告的各个组成部分及其页码,分为内容目录、表格目录、图表目录、附录目录、证据目录等。

(4) 摘要:摘要部分是对整个调研报告核心和要点内容的简述。许多主管人员往往没有时间阅读整个调研报告,那么,仅仅阅读摘要部分就可以大致了解报告的内容。

(5) 市场调查策划:该部分是对调研过程的整体安排,内容包括调查项目、信息源、调查方式、调查费用表、调查进度表、工作人员表、技术参数及使用的软件等。

(6) 调研结果汇总:该部分是对整个市场调查和预测中获得原始调查资料、归类和整理的加工资料及分析结果进行汇总,对结论和建议起支撑证明作用。

(7) 局限性和警告:由于时间、预算及组织限制等因素的制约,市场调研项目均有其局限性。该部分既要阐明项目的局限性,避免客户过分依赖调研结果,也要避免造成客户怀疑调研结果的情况。

(8) 结论和建议:该部分是市场调研人员根据所获得信息资料进行理性分析研究后提出的见解,内容要具有实用性、可行性和可操作性。

(9) 附件:该部分是对调研报告中提到的证明或引用材料的补充,如问卷、统计数据表等。

2 市场调研报告的撰写要求

要形成一份好的市场调研报告,除了精心设计和组织安排报告的内容和格式外,还必须遵循以下要求。

(1) 实事求是:市场调研报告必须符合客观实际。只有符合客观实际的才是有用、可行的,要防止对委托方产生误导。

(2) 重点突出:市场调研报告内容要全面,但一定要突出重点内容,帮助委托方在查看调研报告时注意到关键内容,例如摘要部分、结论和建议部分等。

(3) 内容完整:一份内容完整的市场调研报告必须包括9大部分内容,每部分都有其功能,所以缺一不可。

(4) 文字流畅:调研报告内容要简明扼要,逻辑性强;文字要简洁易懂,尽量少用生僻的专业术语;要注意正确运用有说明性的图表和数字表达。

(5) 版式美观:调研报告的版面直接影响阅读者的第一印象,所以版式要美观、专业。

任 务 书

汽车品牌_____　　汽车型号_____　　小组编号_____
小组成员_____
完成汽车市场调查策划书中的下列内容。
一、调研题目：_____
二、调查项目。

三、信息源。

四、问卷（加附页）。
五、调查时间：_____　　调查地点：_____
六、调查方法：_____
七、分析结果。

八、意见和建议。

第四章 汽车市场细分与目标市场定位

 学习目标

本章旨在通过学习汽车市场细分、汽车目标市场及市场定位等相关内容,使学生掌握汽车市场细分、汽车目标市场选择及汽车市场定位的方法,并能够独立完成学习任务。

 任务描述

本章共三项任务:
(1)掌握汽车市场细分方法;
(2)掌握汽车目标市场选择方法;
(3)掌握汽车市场定位方法。

 学习引导

本章学习可以采用以下顺序:

引出任务 → 分小组(5~6人/组)、选定车型 → 学习相关内容 → 完成任务书

第一节 汽车市场细分和目标市场定位的作用

 一、汽车市场细分的作用

(1)有利于企业发掘新的市场机会。
(2)有利于小企业开拓市场,在夹缝中求生存。
(3)有助于企业确定目标市场,制订有效的市场营销组合策略。

(4)有利于企业合理配置和使用资源。
(5)有利于取得信息反馈,以调整营销策略。

■ 目标市场定位的作用

(1)有利于选定本公司产品的特色和独特形象。
(2)有利于形成区别于竞争对手的产品特色。
(3)有利于产品在潜在消费者的心目中留下值得购买的形象。

案例:汽车市场细分和目标市场定位的重要性

奇瑞QQ——"年轻人的第一辆车"

奇瑞QQ自2003年在国内市场推出以来,获得大批年轻汽车消费者的青睐,在不到半年的时间内就取得了3万辆的销售业绩,使得奇瑞QQ车型成为年度畅销车型。在感叹奇瑞QQ的热销之余,其之所以热销的原因也引起了众多同行的关注和分析。经过分析发现,奇瑞QQ之所以成功的两个重要原因就是其对市场细分、目标市场选择的重视及准确的产品市场定位。

首先,奇瑞公司对汽车市场细分非常重视,并善于发现新的细分市场,果断进入。汽车市场按消费者年龄进行细分,可以分为:青年市场、中年市场和老年市场。在此之前,国内汽车市场中的青年市场一直是不被众多汽车企业重视的市场,这种认识是由我国传统的社会理念和消费观念所影响产生的。例如:年轻上班族的出行方式基本上是公交或自行车,乘出租汽车只是偶尔的事情;年轻上班族不会买车,或者说年轻上班族需要多年积累才有实力买车,而且即使在有了一些经济实力之后,上班族在买房与买车之间一般也是会选择前者。但奇瑞公司的大量消费市场调研信息表明,越来越多的年轻人开始注重生活质量,崇尚时尚的生活方式,有相当一部分的年轻人已经具备了购买汽车的经济实力。同时,奇瑞公司对国内的金融信贷工具做了详细的调查,经过调查得知,金融信贷工具在国内的广泛使用和信贷市场的成熟,增强了年轻上班族的购买力,培育了他们信贷消费的全新理念。这些因素都使得年轻人提前拥有自己的轿车成为现实可能和主观需要,奇瑞公司敏锐地察觉到这一空白市场急需对口的汽车产品,于是,研发出了奇瑞QQ。

其次,奇瑞公司的产品市场定位也是别出心裁、紧靠细分市场的。汽车产品定位大多采用价格或级别,例如"经济型轿车""中级轿车""中高级轿车""豪华轿车"等。奇瑞QQ则注意到细分市场需求的差异性和重要性,对细分消费群体进行了明确的客户—产品定位,并提出了响亮的定位口号:"年轻人的第一辆车。""年轻人的第一辆车"提出了年轻上班族崭新的生活方式:拥有汽车、拥有一个属于自己的移动空间,享受驾驭乐趣。这不只是有多年工作经历的上班族的专利,年轻的上班族同样也能进入汽车时代。而且,随着年轻人的成长,他们对社会的贡献越来越大,他们占据的社会位置越来越重要,社会对他们的经济回报也一定是越来越大,年轻的上班族还会更换更高价位的轿车。这就是奇瑞QQ"年轻人的第一辆车"产品定位的创意初衷。

第二节　市场细分

一　市场细分

市场细分指根据整体市场上顾客需求的差异性,以影响顾客需求和欲望的某些因素为依据,将一个整体市场划分为两个或两个以上的顾客群体,每个需求特点相类似的顾客群就构成一个细分市场。

例如:根据国内外市场差异,将市场分为国内市场和国外市场;根据顾客性别差异,将市场分为男士市场和女士市场;根据顾客年龄差异,将市场分为老年市场、中年市场及青年市场;根据顾客购车用途差异,将市场分为货车市场和客车市场;根据顾客对车辆档次要求的差异,将市场分为高档车市场、中档车市场及低档车市场;等等。

二　汽车市场细分的标准

1 地理因素

不同地理位置,气候和地形地貌环境不同,导致不同地区汽车用户对车辆的需求也是不同的。相对应的,汽车企业在设计生产汽车产品的时候会考虑地理因素,研发出适合该地区环境需求的产品。例如:寒冷地区汽车用户对汽车的空调系统、冷起动效果及防滑安全措施要求较高;丘陵地区汽车用户对汽车的通过性、爬坡能力和操控性比较关注。所以,地理因素可以作为汽车市场细分的标准。常见作为汽车市场细分标准的地理因素见表1-4-1。

汽车市场细分的地理因素标准　　　　表1-4-1

标　准	分　界　点
地形地貌	平原、丘陵、山区
气候	寒带、温带、亚热带、热带

2 人口因素

汽车市场的一个显著特点就是顾客的个性化需求特别明显,不同用户对车辆的需求存在差异,该现象就是人口因素对汽车市场影响的外在表现。例如:男性汽车用户和女性汽车用户对汽车需求的差异,男性汽车用户侧重于关注车辆的操控性、加速性能等理性因素,而女性汽车用户侧重于关注车辆的外形、颜色、舒适性等感性因素。由于对车辆性能关注点的不同会影响汽车的销售,目前,汽车市场上出现越来越多的针对女性汽车用户的汽车产品。所以,人口因素可以作为汽车市场进行细分的标准。常见作为汽车市场细分标准的人口因素见表1-4-2。

汽车市场细分的人口因素标准　　　　　　　　　表1-4-2

标　准	分　界　点
性别	男、女
年龄	青年、中年、老年
家庭人口	1～2人、3～5人、6人以上
家庭周期	单身青年、年轻夫妇、满巢期、空巢期、鳏寡期
家庭年收入(人民币)	不足10万、10万～20万、20万～40万、40万～70万、70万以上
文化程度	高中及以下、大专及本科、本科以上
国籍	中国、其他
个性	沉稳、活泼、内敛、外向

3 行为因素

行为因素指顾客的购买心理和购买动机,不同行为因素的顾客在购买汽车时所关注的车辆特性是不同的。例如:想要购买一辆代步车辆的用户和想要购买一辆象征身份车辆的用户在选择车辆时的购买动机是不同的,前者侧重于实用,后者侧重于品牌。为了迎合不同用户的购买动机,汽车企业在研发汽车产品时会考虑行为因素的影响。所以,行为因素可以作为标准对汽车市场进行细分。常见作为汽车市场细分标准的行为因素见表1-4-3。

汽车市场细分的行为因素标准　　　　　　　　　表1-4-3

标　准	分　界　点
购买心理	理智型、情感型、经济型、从众型
购买动机	求实动机、求廉动机、求新动机、求名动机、求奇动机、求美动机、偏好动机、攀比动机

三 汽车市场有效细分的条件

1 可测量性

可测量性指细分后的汽车细分市场容量、市场范围和市场潜力是可测量的,可以帮助汽车企业决定该细分市场的吸引力大小、是否要进入。

2 可进入性

可进入性指汽车企业利用自身现有的资源、技术专长和产品开发能力,能够进入所选定的细分市场。

3 可营利性

可营利性指汽车企业进入所选定的细分市场可以使企业营利。

4 可区分性

可区分性指细分后的各汽车细分市场互相是独立的,能够用特定的营销组合作用于各细分市场。

5 可行动性

可行动性指对于所选定的细分市场,汽车企业是可以在其中开展一系列营销活动的。

四 汽车市场细分的步骤

汽车市场细分的步骤见图1-4-1。

图1-4-1 汽车市场细分的步骤

1 选定产品市场范围

汽车企业在进行市场细分时,首先会选定产品的市场范围。常见汽车产品市场范围见表1-4-4。

汽车市场范围 表1-4-4

标准		市场范围
国家标准		乘用车、商用车
传统划分标准		载货汽车、越野汽车、自卸汽车、专用汽车、特种汽车、客车、轿车
车辆大小及档次	载货	重型汽车、中型汽车、轻型汽车、微型汽车
	轿车	豪华轿车、高档轿车、中档轿车、经济型轿车、微型轿车
能源		汽油车、柴油车、新能源车

2 列举潜在客户的基本需求

针对第一步选定的汽车市场范围,列出潜在客户,然后分析潜在客户的基本需求。常见汽车客户的基本需求见表1-4-5。

3 分析潜在客户的差异需求

对于潜在客户的基本需求,不同客户的需求存在差异,需要分析潜在客户的差异需求。常见汽车客户的差异需求见表1-4-5。

汽车客户基本需求和差异需求　　　　表1-4-5

基本需求	差异需求
用途	代步用户、商务用车、多功能用车、休闲旅游用车
款型	三厢轿车、两厢轿车、多功能车、越野车
级别	高级豪华车、中高级车、中级车、普通型车、微型车
外形	古朴典雅型、稳重大方型、时尚新潮型
颜色	黑、白、灰、红、蓝、黄、其他
排量	1.0L以下、1.0L~1.8L、2.0L~3.0L、3.0L~4.0L、4.0L以上
变速器	自动挡、手动挡、手自一体
价格	10万以下、10万~20万、20万~30万、30万~50万、50万以上

4 对市场进行细分和评估

对汽车市场的细分和评估多使用层级细分法,层级细分法的操作过程如下。

(1)用汽车客户的需求为坐标建立一维、二维或三维坐标系,将汽车市场进行细分,形成多个细分市场。

(2)对第一次市场细分后的多个细分市场进行评估,选取最有吸引力的细分市场进行二次细分,再次形成多个细分市场。

(3)如果需要再细化,可对二次细分后的多个细分市场进行再评估,选取最有吸引力的细分市场进行三次细分。

以此类推,直到帮助汽车企业挑选出最有效的细分市场。

案例:层级细分法示例

根据企业的目标,选定产品市场范围为轿车市场。
一、一次细分(以一维坐标系为例)
选择"用途"需求一个因素来进行市场细分,细分结果如图1-4-2。
经过一次细分,形成4个细分市场,企业结合自身优势、特点及细分市场评估标准,认为用于"代步"的细分市场有可能进入,故而暂且放弃其他细分市场,仅对该细分市场进行二次细分。

图1-4-2 一维坐标系细分示例

二、二次细分(以三维坐标系为例)

选择"颜色"需求、"外形"需求和"变速器"需求三个因素来进行市场细分,细分结果如图1-4-3。

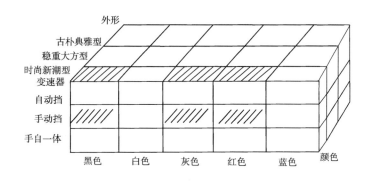

图1-4-3 三维坐标系细分示例

经过二次细分,形成45个细分市场,企业结合自身优势、特点及细分市场评估标准,认为"时尚新潮型"黑色、灰色、红色手动挡汽车的细分市场有可能进入,故而暂且放弃其他细分市场,仅对该细分市场进行三次细分。

三、三次细分(以二维坐标系为例)

选择"级别"需求和"款型"需求两个因素来进行市场细分,细分结果如图1-4-4。

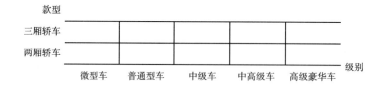

图1-4-4 二维坐标系细分示例

经过三次细分,划分出"时尚新潮型"黑色、灰色、红色手动挡代步用途的轿车在"款型"和"级别"上针对不同人群、不同用车偏好的10个细分市场,对各细分市场进行评估后选择目标市场。

层级细分法的细分次数和坐标系的选择根据细分项目的具体要求来确定。

第三节　目标市场

一　目标市场

目标市场指企业的目标顾客,即企业决定要进入的市场。

企业会从众多的细分市场当中选择目标市场,多会考虑能在其中创造最大价值并能保持一段时间的细分市场。目标市场选择多用在企业进入一个新市场时,最终,大企业会选择完全市场覆盖。

二　汽车目标市场选择的条件

1. 细分市场的规模和发展

汽车目标市场一般会选择市场规模较大的细分市场,并且较大的市场规模必须要持续一段时间,足以让企业在该目标市场中盈利。例如:我国适用于家庭用的经济型轿车市场目前市场规模较大,未来发展规模也持续较大,是众多汽车生产厂家争先进入的目标市场。

2. 细分市场结构的吸引力

细分市场机构指细分市场中供应商、顾客、替代产品、同行竞争者、潜在的竞争者的数量和能力。有吸引力的细分市场结构包括:供应商数量充足、供应能力强,顾客数量充足,购买能力强,替代产品暂时没有出现,同行竞争者和潜在竞争者数量少、竞争能力弱。

3. 企业自身的目标和资源

企业的任何一次决策都要和企业自身的目标相一致,且充分利用企业已有资源,尽量减少新资源的追加。所以,选择目标市场时,汽车企业尽量会选择和自身目标和资源相匹配的细分市场。例如:生产轿车的汽车企业,在选择新的目标市场时仍会选择轿车市场,因为企业内部有成熟的生产平台和管理经验。

三　选择汽车目标市场的方法

汽车企业在选择目标市场时,一般会从市场和产品两方面考虑:企业要占领哪些细分市场？用什么产品来占领细分市场？根据不同的市场和产品组合,企业可选择的目标市场选择方法包括五种：产品市场集中化、产品专业化、市场专业化、选择专业化及全面覆盖化。

1 产品市场集中化

该方法的特点是企业只生产一种产品，只供应某一顾客群。该方法一般适用于小型企业的目标市场选择，或大企业进入国外市场之初的目标市场选择。例如：日本、韩国汽车的国外发展，汽车企业均采用生产一两种产品占领一两种市场的目标市场选择方法。在我国，日本、韩国合资汽车的畅销证明了该种目标市场选择方法的可行。

2 产品专业化

该方法的特点是企业专注于生产某一类汽车产品，供应给各类顾客。该方法一般适用于中、小型汽车企业的目标市场选择。

3 市场专业化

该方法的特点是企业向某一个专业市场提供所需要的各种汽车产品。该方法一般适用于中小型汽车企业的目标市场选择。

4 选择专业化

该方法的特点是企业有选择地进入几个不同的细分市场，向不同细分市场提供不同的汽车产品，且在每个细分市场中企业都可以盈利。该方法一般适用于大型汽车企业的目标市场选择。

5 全面覆盖化

该方法的特点是企业面对整个汽车市场，用各种不同汽车产品满足各个细分市场的需求。该方法一般适用于大型汽车企业的目标市场选择。任何一个企业发展壮大后，在资金、资源、管理充足的前提下，都有可能发展成为目标市场全面覆盖化。

全面覆盖化目标市场选择在运用方面分为两种具体策略：无差异性目标市场策略和差异性目标市场策略。两种策略的差异见图1-4-5。

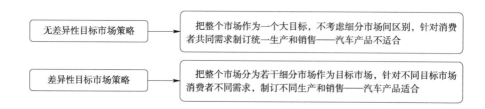

图1-4-5　全面覆盖化目标市场选择策略差异

五种目标市场选择方法见图 1-4-6。

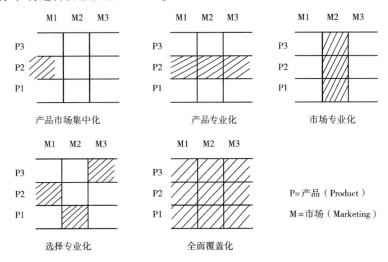

图 1-4-6 目标市场选择方法

 案例：选择专业化示例

上汽大众汽车有限公司(简称"上汽大众")是一家中德合资企业,由上汽集团和大众汽车集团合资经营。公司于 1984 年 10 月签约奠基,是国内历史最悠久的汽车合资企业之一。公司总部位于上海安亭,并先后在南京、仪征、乌鲁木齐、宁波、长沙等地建立了生产基地。

上汽大众目前生产与销售大众和斯柯达两个品牌的产品,其中,大众品牌车型有 Polo 家族、新桑塔纳家族、Lavida 家族、Lamando 全新帕萨特、辉昂、途观丝绸之路版、全新途观 L、途昂和途安,斯柯达品牌车型有晶锐、昕锐、昕动、明锐、明锐旅行车、速派、柯迪亚克、柯珞克和柯米克。

现对上汽大众汽车有限公司的十九大产品品牌系列进行目标市场选择示例。

一、产品划分

汽车按级别划分总共可以分为 16 个级别,轿车分为 6 个级别:微型车、小型车、紧凑型车、中型车、中大型车、大型车;SUV 分为 5 个级别:小型 SUV、紧凑型 SUV、中型 SUV、中大型 SUV、大型 SUV;以及 MPV、跑车、皮卡、微面和轻客。

二、市场划分

市场按家庭年收入可以分为六个细分市场:10 万以下、10 万~20 万、20 万~30 万、30 万~50 万、50 万~70 万、70 万以上。

三、家庭年收入和购车价格的关系

在国内,如果生活在经济发展程度中等、市民生活水平一般的城市,如武汉、沈阳、重庆等,购车价格和家庭年收入相当,购车价格可参照以下公式:购车价格＝家庭年收入;以此为基准,如果生活在经济发展较快、生活水平较高的城市,如北京、上海、深圳等,因用车成本高,购车价格应比家庭年收入低 10%~30%；如果生活在经济发展程度较慢、市民生活水平较低的城市,如昆明、贵阳、兰州等,因生活消费、用车成本低,购车价格则应比家庭年收入高 10%~30%。本案例对武汉汽车市场按家庭年收入进行细分。

上汽大众汽车有限公司目标市场选择见表 1-4-6。

上汽大众目标市场选择　　　　　　　表 1-4-6

家庭年收入		10 万以下	10 万~20 万	20 万~30 万	30 万~50 万	50 万~70 万	70 万以上
级别	大型车						
轿车	中大型车					辉昂	辉昂
	中型车			帕萨特、速派	帕萨特、速派		
	紧凑型车	桑塔纳、昕动、昕锐	桑塔纳、朗行、朗逸、朗境、凌渡、明锐、昕动、昕锐	凌渡			
	小型车	POLO、晶锐	POLO、晶锐				
	微型车						
SUV	大型 SUV						
	中大型 SUV					途昂	途昂
	中型 SUV		柯迪亚克	途观 L、柯迪亚克	途观 L		
	紧凑型 SUV		途观、柯珞克、柯米克	途观			
	小型 SUV						
	MPV		途安				
	跑车						
	皮卡						
	微面						
	轻客						

将上汽大众汽车有限公司现有全部在销车型按照级别和用户家庭年收入填入表内,符合目标市场选择方法当中的选择专业化特点。由此可以看出,上汽大众汽车有限公司在进行目标市场选择时采用的是选择专业化方法。

第四节　市场定位

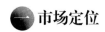 市场定位

市场定位即产品定位,指明确企业产品在目标市场中所处的位置,从各方面为企业和产品创造一定的特色,塑造并树立一定的市场形象,获得目标顾客的认同。

例如，德国大众甲壳虫轿车定位于喜欢驾驶高品质、外形可爱的小型轿车市场，由于其定位明确，令消费者印象深刻，经过半个世纪仍然为畅销经典车型。

再如，德国宝马汽车定位于注重驾驶乐趣的高档汽车市场，日本丰田汽车定位于喜欢跑车外形的高档汽车市场，德国奔驰汽车定位于注重高贵、王者、显赫、至尊的高档汽车市场。三个品牌虽同是生产高档汽车，但各自的消费群体不重叠，需求差异明显，车辆均有优异的销售业绩。

二 市场定位的依据

各汽车企业进行市场定位的目的是塑造有别于其他产品的市场形象，用差异于其他产品的市场形象来吸引对口客户，减少竞争，从而扩大销售。汽车企业进行市场定位从三方面进行：汽车产品、服务及品牌形象。

1 产品差异化

（1）产品特点：指产品基本功能的某些增补性能。例如：同款车型在生产销售时会分为：标配版、舒适版、豪华版，豪华版车即在标配版车的基础上添加了安全气囊、电动车窗、倒车雷达和巡航系统等，来体现产品的特点。

（2）产品优势：指产品主要特点在运用中的水平。例如：车辆按级别分为高级豪华车、中高级车、中级车、普通型车及微型车，安装在高级豪华车和普通型车中的安全气囊品质和性能是有较大差异的，也就体现了产品的优势。

（3）产品可靠性：指一个产品在自然条件下的预期操作寿命内的操作可靠程度和保持正常的使用性能的可能性。客户在购买汽车时更愿意购买可靠性强的产品，以确保在规定使用年限内，可以保持正常的使用性能，提高使用安全性。

2 服务差异化

（1）客户咨询。客户在购买汽车之前，可能对车的具体性能、价格等相关内容不太了解，除了从电视、网络、报纸、杂志等汽车广告获得汽车相关内容外，客户最直接、最全面获取汽车相关信息的来源是销售顾问，那么，销售顾问的客户咨询做的优劣直接影响到该销售公司的服务质量，进而影响该销售公司的销售量和销售额。所以，汽车销售企业也越来越重视客户咨询，希望通过客户咨询服务质量优于其他企业来对本企业市场进行定位。

（2）订货。订货的差异化主要体现在两方面：订货手续难易和提车等待时间长短。尽管现在汽车市场处于完全的买方市场，但仍有一些车型长期紧俏，提车等待时间较长；或者一些客户从二级网点处购买汽车，而二级网点没有库存车辆，必须和一级网点合作完成提车，提车等待时间也较长。由于客户购买汽车提车心情一般较迫切，所以，汽车销售企业也越来越重视简化订货手续和缩短提车等待时间，希望通过订货服务质量优于其他企业来对本企业市场进行定位。

(3)客户培训。客户培训的差异化主要体现在两方面:汽车生产厂家对经销商的培训力度和汽车经销商对终端客户的培训质量。根据《汽车品牌销售管理实施办法》规定,汽车生产厂家有责任对其品牌经销商进行业务指导和培训,目的是为了贯彻汽车品牌理念和传授成熟管理经验,使各经销商对外传达同一品牌形象,提高产品竞争力。因此,在激烈的市场竞争下,各大汽车生产厂家纷纷加大了对经销商的培训力度。另外,终端客户从汽车经销商处购买汽车,销售顾问有义务向客户讲解车辆的各种性能、配置、操作方法和注意事项,使顾客满意汽车产品进而增加产品销售量。所以,各品牌下的汽车经销商也注重销售顾问素质的提高,来提高终端客户的培训质量。可见,不论是汽车生产企业还是汽车经销商,均希望通过客户培训服务质量优于其他企业来对本企业市场进行定位。

(4)维护修理。维护修理属于汽车售后服务部分,其差异化主要体现在四方面:汽车维护修理的准确性、汽车零配件供应的及时性、汽车维护修理时间的合理性和汽车维护修理价格的经济性。由于汽车市场竞争激励,各大汽车厂家纷纷将注意力由汽车销售转到维护修理,希望通过维护修理服务质量优于其他企业来对本企业市场进行定位。

(5)附加服务。目前,尽管我国汽车销售的主要模式是四位一体或五位一体的品牌销售,汽车销售公司主要负责汽车的整车销售、零配件供应、维修服务和信息反馈,规模较大的汽车销售公司还会包含二手车交易业务。但是,各品牌销售公司为了增加竞争力,均在该基础上增加了增值服务,例如:汽车按揭办理服务,汽车保险办理服务,汽车上牌、验车、缴纳各种税费的一条龙服务,尽量实现顾客无须自己办理任何后续手续直接提车。所以,各汽车厂家希望通过附加服务质量优于其他企业来对本企业市场进行定位。

 案例:常见售后服务举例

一、回访

回访作为4S店了解客户意见、掌握服务质量、维系客户关系的手段,现在已经被多数店家所采用。一些消费者也认为,店方在维修后打回访电话,这等于在主动听取车主建议,是一项很好的售后服务措施。据一项3·15年度调查显示,有63%的车主都表示车辆维修、维护后会收到4S店的回访电话,其余的37%则表示不会收到。接到回访电话的车主纷纷表示:"该类回访电话一般会在每次维修、维护过后几天打来,这样的回访让我们感觉很舒服,这表示4S店非常重视服务质量,重视客户的意见,这让人感到时常有人在关怀他的用车。"

二、代步车

提供维修代步车作为汽车售后服务措施之一,在发达国家已经非常普遍,而且是车主较为满意的售后服务措施。因为对于习惯于开车的人来说,一旦没有了车会感到诸多不便,如果再赶上车辆需要维修一个礼拜,这可能就意味着会影响车主的正常生活。目前,国内的一些4S店也陆续推出专为无法当天取走车辆的消费者提供维修代步车的服务,但开展这一服务的4S店仍然寥寥可数。因为,该项服务的开展要有巨额成本的投入,而且中国的汽车市场依然不成熟。但使用过代步车的消费者们均认为,这无疑是他们对店家最满意的售后服务措施之一。

三、24h 救援

随着汽车产业在中国的快速发展,汽车走进了千家万户。同时,汽车作为一项高技术含量的机械产品,会开车而不会修车的人占了绝大多数,特别是女性驾驶人,在行车途中突然出现爆胎、没油、断电等故障,多数人都会不知所措。据一项调查数据显示,86%的女性驾驶人在路上遇到过没油、没电、爆胎等不同程度的尴尬境遇。

在这种时候,汽车救援则显得极为重要。目前,国内大多数成熟的4S店均已将24h救援服务作为一项必不可少的售后服务措施。但是,仍然存在一些问题,例如:抛锚后等待救援车到来的时间太长,或者救援费用太高等。

四、舒适等候环境

车辆维修一般都需要一段等待时间,所以车主等候停留的环境就很重要。环境不仅决定车主在等待时心情的好坏,甚至还决定着车主下次的到店与否。如何让等候的车主更舒适,已经成为提升4S店综合服务水平的一项重要举措。各4S店纷纷为客户改善维修等候环境,争相让车主在等候时找到"更舒适、无负担"的感觉。

各家4S店为客户改善维修等候环境大多从以下几点入手:店中设独立休息区,设有吸烟室,有沙发、电脑、电视、免费食品饮料、空调,卫生间提供卫生纸、洗手液、擦手纸、护手霜等。企业如果可以提供如上的舒适等候环境,该项理所当然地成为消费者最满意的售后服务措施之一。

五、电话预约

在我国,目前已有90%以上的4S店能够提供电话预约服务。电话预约早已成为消费者最满意的汽车售后服务措施之一。该项服务是一项双赢服务,既可以帮顾客节省大量排队等候时间,确保顾客"零等候",到店即维修,又可以帮助4S店合理调配资源,而顾客只需要在维修的前一天打电话至4S店预约即可。

电话预约也是一整套信息和人员的管理系统,一般的工作流程为:客户打电话预约,预约员记录、分类相关信息,转交预约单至服务顾问并向库房核实配件,告知车间预留工位,第二天的电话确认,客户到达、签字确认,车辆进车间,客户休息等待。

随着汽车市场的竞争越来越激烈,消费者对汽车售后服务的要求也越来越高。各家4S店以不断提高消费者的满意度为出发点,积极采用各种消费者满意度较高的售后服务项目。我国的4S店模式正处于一个良性发展的阶段,新形式的售后服务项目还会不断推出。

3 形象差异化

形象差异化指企业或品牌的形象差异化,主要体现在品牌标志、媒体广告、营业推广活动等方面。任何一个企业在最初确定品牌标志时都对其赋予了一定的内涵,而其后续的媒体广告都是在传承品牌内涵。然后,企业在运营过程中,每一次的营业推广活动也都是在品牌内涵的指导下开展的。所以,从品牌标志、媒体广告到营业推广活动都贯穿了同一个内涵,该内涵表现出来,广大顾客感受到的就是该品牌在汽车市场中的形象差异化。所以,各大汽车厂家都非常重视品牌的差异化形象树立,以此来对本企业产品进行市场定位。

 案例:形象差异化举例

德国大众汽车车标是由在圆环内的三个V形叠加而成,取自德文单词Volks和Wagen(大众化的车)的头一个字母;日本本田公司生产的雅阁轿车,其文字和形象相统一的标志是"ACCORD"(一致、调和)。其后续的媒体广告都是在传承品牌内涵,例如:大众体现"大众之车",本田体现"人与汽车、车与环境"协调一致。

三 市场定位的策略

1 比附定位策略

该策略指借助于高品质定位的同类产品进行定位,以提升本产品品质的一种定位策略。例如,沈阳金杯的广告语为:"金杯海狮,丰田品质"。

2 属性定位策略

该策略指在定位当中体现本产品有竞争力的核心属性,以此宣传产品的核心竞争力,进而吸引顾客购买。例如:日本丰田汽车油耗较其他品牌同类车型偏低,其在产品定位和宣传中就主打节油经济性;德国宝马汽车秉承汽车必须要有先进优良的技术作支撑,其在产品定位和宣传中就主打驾驶性能。

3 利益定位策略

该策略指在定位当中直接用汽车产品带来的利益吸引客户。例如,解放卡车的广告语为:"解放卡车,挣钱机器"。

4 针对竞争对手竞争策略

该策略指用和竞争对手截然相反的特性给汽车产品定位,使产品或服务或品牌形象差异化最大,以此吸引客户购买。例如,20世纪50年代,广大汽车用户习惯于购买又大又长、动力强劲的美国汽车,大众甲壳虫则推出了广告语"想想还是小的好",细数其能给消费者带来的独特利益,以其小巧、精致的特点,采用针对竞争对手竞争策略定位取得了成功。

5 市场空当定位策略

该策略指将产品定位于尚无人重视或未被竞争对手控制的市场位置,以先驱者身份占领新市场,扩大销售。例如,在MPV之前,所有汽车的用途定位都是单一的,要么适合于商务使用,要么适合于家庭使用,MPV提出了全新市场空当定位:"工作+生活",在获得顾客认同后取得了斐然的销售业绩。

案例:市场空当定位策略

寻找和发现市场机会是品牌经营成功的必要条件,而空当定位策略正是捕捉市场机会的有力武器。汽车品牌经营者可以从以下几个角度加以考虑。

(1)年龄空当。年龄是人口细分的一个重要变量,品牌经营者不应当捕获所有年龄阶段的消费者,而应寻找合适的年龄层,它既可以是该产品最具竞争优势的,也可以是被同类产品品牌所忽视的或还未发现的年龄层。奇瑞汽车有限公司推出的奇瑞QQ,在汽车市场就引起了广泛的关注,一个重要的成功因素就是其瞄准了国内大多数汽车企业不重视的青年人汽车市场。

(2)性别空当。现代社会,男女地位日益平等,各个行业中都存在着女性的身影,相对应的,职业性质和经济独立都使得女性用车成为可能和趋势。随着女性汽车市场的发展,女性汽车用品市场也在逐渐强大。据一项调查数据显示,国内汽车用品市场的消耗潮流正在被女性消耗者左右,近80%有车家庭在选购汽车用品时,最后起抉择作用的都是女性。所以,嗅觉敏锐的汽车用品厂家纷纷推出针对女性用户的汽车用品:汽车香水、汽车装潢、汽车座垫等,填补了这一市场空白。

(3)高价市场空当。汽车可以根据级别划分为微型车、普通型车、中级车、中高级车及高级豪华车。尽管国内外汽车市场中普通型车、中型车的普及率较高,但高级豪华车市场仍然有较大的市场空间。所以,国际上一些著名汽车企业会推出豪华车型或豪华车品牌来占领这一市场空当。例如,日本丰田汽车公司旗下的豪华车品牌雷克萨斯,其推出的所有车型价位为几十万到上百万,由于该品牌致力于豪华车市场空当,自1999年起,仅用十几年的时间,在美国的销量超过奔驰、宝马,成为全美豪华车销量最大的品牌。

(4)低价市场空当。低价汽车市场是指微型车市场,尽管微型车价位较低,相对利润空间较小,但国内还是有一大批微型车的购买群体,如果销售量足够的话利润还是相当可观的。所以,国内一些汽车企业会专门针对微型车市场空当推出微型汽车。例如,比亚迪汽车有限公司在公司建立伊始,就矢志打造真正物美价廉的国民用车。经过市场调查,其发现小排量轿车市场在经历挫折和冷遇后,将在能源紧张、国家政策支持的环境下取得新的发展。于是,比亚迪汽车有限公司于2008年向5万元以下的微型轿车市场推出比亚迪F0,该车型自下线以来一直是微型车市场的佼佼者。

6 性价比定位策略

该策略指在产品市场定位时直接对照质量和价格宣扬产品的高性价比,以此来吸引顾客。例如,一汽轿车红旗明仕的广告语为:"新品质、低价位、高享受"。

任 务 书

汽车品牌_____ 汽车型号_____ 小组编号_____
小组成员_____

一、使用层级细分法进行汽车市场细分,使小组车型的目标市场为所划分细分市场之一(参考本章案例:层级细分法示例)。

二、分析小组车型所属汽车企业目标市场选择方法(参考本章案例:选择专业化示例)。
1. 列举本汽车企业所有生产销售车型;
2. 对照目标市场选择方法将本汽车企业所有生产销售车型分类(参考本章:选择目标市场的方法)。

三、根据小组车型特点对其进行市场定位,并说明所使用的市场定位策略。

第五章　汽车营销组合策略

学习目标

本章旨在通过学习营销要素、市场营销组合策略及现代营销组合趋势等相关内容，使学生掌握汽车产品策略、汽车价格策略、汽车渠道策略及汽车促销策略，并能够独立完成学习任务。

任务描述

本章共十二项任务：
(1) 能够对汽车产品生命周期进行分析；
(2) 能够识别常见的汽车品牌识别系统；
(3) 掌握新产品定价策略；
(4) 掌握汽车价格使用策略；
(5) 熟悉汽车降价的具体措施；
(6) 能够对品牌价格产品进行分析；
(7) 能够对价格明星产品进行分析；
(8) 熟悉常见汽车分销渠道模式；
(9) 熟悉常见汽车销售模式；
(10) 掌握广告文案编写方法；
(11) 掌握促销组合选择方法；
(12) 运用本章知识对第二章汽车营销策划大纲进行修改。

学习引导

本章学习可以采用以下顺序：

引出任务 → 分小组(5~6人/组)、选定车型 → 学习相关内容 → 完成任务书

第一节 汽车营销组合策略的作用

汽车营销组合策略的作用如下。

(1)可扬长避短,充分发挥企业的竞争优势,实现企业战略决策的要求。

(2)可加强企业的竞争能力和应变能力,使企业立于不败之地。

(3)可使企业内部各部门紧密配合,分工协作,成为协调的营销系统(整体营销),灵活地、有效地适应营销环境的变化。

 案例:汽车营销组合策略的实施

宝马汽车公司的营销组合运用

宝马汽车公司是德国著名的摩托车和高档豪华轿车制造商,创建于1916年,其前身是巴伐利亚飞机发动机厂。宝马标志中间的蓝白相间图案,代表蓝天、白云和旋转不停的螺旋桨,喻示宝马汽车公司悠久的历史。公司于1994年收购英国最大的汽车制造商陆虎公司后,汽车年产量达100万辆。

20世纪90年代之后,日本、欧洲的汽车制造业都发展缓慢,全球汽车行业进入了调整阶段,汽车行业需要新的经济增长点。而此时,亚洲经济正以惊人的速度发展,被喻为"四小龙"的新加坡、中国香港、中国台湾、韩国的人均收入水平已接近中等发达国家水平。此外,中国、泰国、印尼等国的具有汽车购买能力的中产阶级的数量正飞速增长。世界汽车巨头都虎视着亚洲,尤其是东亚这块世界汽车业最后争夺的市场。宝马公司也将目标定向了亚洲,在开展其争夺市场的动作之前,宝马公司对其产品、价格、渠道和促销做了认真部署,制订出了一系列的营销组合策略,为成功进入亚洲市场做好准备。

一、产品策略

宝马公司试图吸引新一代寻求经济和社会地位成功的亚洲商人。宝马的产品定位是:最完美的驾驶工具。宝马要传递给顾客创新、动力、美感的品牌魅力。这个诉求的三大支持是:设计、动力和科技。公司的所有促销活动都以这个定位为主题,并在上述三者中选取至少一项作为支持。每个要素的宣传都要考虑到宝马的顾客群,要使顾客感觉到宝马是"成功的新象征"。要实现这一目标,宝马公司欲采取两种手段,一是区别旧与新,使宝马从其他品牌中脱颖而出;二是明确那些期望宝马成为自己成功和地位象征的车主有哪些需求,并去满足他们。宝马汽车种类繁多,分别以不同系列来设定。在亚洲地区,宝马公司根据亚洲顾客的需求,着重推销宝马3系、宝马5系、宝马7系、宝马8系。这几个车型的共同特点是:节能。

(1)宝马3系。3系原为中高级小型车,新3系列有三种车体变化:四门房车、双座跑车、敞篷车和三门小型车,共有7种发动机,车内空间宽敞舒适。

(2)宝马5系。备有强力发动机的中型房车5系是宝马的新发明。5系除了在外形上比3系大,它们的灵敏度是相似的。拥有两种车体设计的5系提供多样化的车型,足以满足人们对各类大小汽车的所有需求。

(3)宝马7系。7系于1994年9月进军亚洲,无论从外观或内部看都属于宝马大型车等级。7系房车的特点包括了优良品质、舒适与创新设计,已成为宝马汽车的象征。7系除了有基本车体以外,还有加长车型可供选择。

(4)宝马8系。8系延续了宝马优质跑车的传统,造型独特、优雅。

二、定价策略

宝马的目标在追求成功的高价政策,以高于其他大众车的价格出现。宝马公司认为宝马制订高价策略是因为:高价也就意味着宝马汽车的高品质,高价也意味着宝马品牌的地位和声望,高价表示了宝马品牌与竞争品牌相比具有的专用性和独特性,高价更显示出车主的社会成就。总之,宝马的高价策略是以公司拥有的优于其他厂商品牌的优质产品和完善的服务特性,以及宝马品牌象征的价值为基础的。宝马汽车的价格比同类汽车一般要高10%~20%。

三、渠道策略

宝马在亚洲地区采取了谨慎且易于控制的短渠道分销模式,主要有直销渠道和一级渠道。一方面,直接通过直销将产品直接销售给消费者;另一方面,在亚洲地区寻找一级或多级中间商参与,将汽车产品经由一个或多个贸易关系销售给消费者。同时,结合独家分销渠道,在某些经济相对发达的城市,例如我国的北京、上海、广州等城市,设立一家代理商或经销商经销其产品。短渠道和窄渠道的结合有利于宝马公司对市场的控制,为宝马公司在亚洲地区进行分地区多点式的摸索性销售提供稳健而有效的条件。在中国,宝马总部设在北京,负责BMW和MINI品牌汽车的进口、销售、市场营销、服务及其他所有有关业务。宝马进口车和国产车是并网销售的,国产宝马由华晨宝马授权经销商,同时国产宝马也进入进口宝马网络销售。

四、促销策略

宝马公司的促销策略并不急功近利地以销售量的提高为目的,而是考虑到促销活动一定要达到如下目标:成功地把宝马的品位融入潜在顾客中;加强顾客与宝马之间的感情连接;在宝马的整体形象的基础上,完善宝马产品与服务的组合;向顾客提供详尽的产品信息。最终,通过各种促销方式使宝马能够有更多与顾客直接接触的机会,相互沟通信息,树立起良好的品牌形象。

宝马公司考虑到当今的消费者面对着无数的广告和商业信息,为了有效地使信息传递给目标顾客,宝马采用了多种促销方式。所采用的促销方式包括:广告、直销、公共关系活动。

1. 广告

宝马公司认为:当今社会越来越多的媒体具备超越国际的影响力,因而要使广告所传达的信息能够一致是绝对必要的。宝马为亚洲地区制订了一套广告计划,保证在亚洲各国通过广告宣传的宝马品牌形象是统一的。同时这套广告计划要通过集团总部的审查,以保证与公司在欧美地区的广告宣传没有冲突。宝马公司借助了香港、新加坡等地的电视、报纸、杂志等多种广告媒体开展广告宣传活动。这些活动主要分为两个阶段：第一阶段主要是告知消费者宝马是第一高级豪华车品牌，同时介绍宝马公司的成就和成功经验；第二阶段宝马用第七系列作为主要的宣传产品，强调宝马的设计、安全、舒适和全方位的售后服务。

2. 公关活动

广告的一大缺陷是不能与目标顾客进行直接的接触，而公关活动能够达到这一目的。宝马公司在亚洲主要举办宝马国际高尔夫金杯赛和宝马汽车鉴赏巡礼两个公关活动。宝马国际金杯赛是当时全球业余高尔夫球赛中规模最大的。这项赛事的目的是促使宝马汽车与自己的目标市场进行沟通，这是因为高尔夫球历来被认为是绅士运动，即喜欢高尔夫球的人，尤其是业余爱好者多数是较高收入和较高社会地位的人士，而这些人正是宝马汽车的目标市场。宝马汽车鉴赏巡礼活动的目的是在特定的环境里，即在高级的展览中心陈列展示宝马汽车，把宝马的基本特性、动力、创新和美感以及它的高贵、优雅的品牌形象展示给消费者，并强化这种印象。此外，宝马公司还定期举行新闻记者招待会，在电视和电台的节目中与顾客代表和汽车专家共同探讨宝马车的功能，让潜在顾客试开宝马车，这些活动也加强了宝马与顾客的沟通。

宝马汽车公司经过产品、价格、渠道、促销四方面策略的正确部署，其在亚洲地区的汽车市场中占有了绝对的品牌号召力，并取得了傲人的销售业绩，进入亚洲市场取得了成功。

第二节　市场营销组合

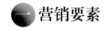营销要素

营销要素指供应商能自主决定的营销手段，其能在促进交易和满足顾客需求中发挥不同的作用。美国市场营销学家麦肯锡从供应商的角度提出了四大类营销要素：产品、价格、渠道和促销。

由于各个营销要素都是可以发挥不同作用的营销手段，企业在使用四大类营销要素时考虑的关键问题是：如何使顾客在合适的地点以其可接受的价格获得其需求的汽车产品。因此，发展出了四大营销策略（4PS），即：产品策略（Product strategy）、价格策略（Price strategy）、渠道策略（Place strategy）及促销策略（Promotion strategy）。

1 产品策略

该策略主要解决汽车企业生产什么样的汽车产品的问题。各大汽车厂家会根据市场需求来决定汽车产品的设计、生产，企业内部车型会区分开客户群，避免自家产品之间的竞争。产品策略

细分要素包括:汽车功能、型号、外观、颜色、品牌、性能、商标和服务等。例如,2011年,东风本田生产销售的汽车产品有三款:思域、CRV及思铂睿,各款车型配有不同的功能、型号、外观、颜色、性能,又共享相同的品牌、商标和服务,分别占领不同的消费领域,拥有不用的客户群。

2 价格策略

该策略主要解决汽车企业对汽车产品如何定价的问题。各大汽车厂家会根据产品的生产销售成本和一定的利润率来决定产品价格,使汽车产品的价格相比较与同类车型即有竞争力又可以帮助企业保证较高的利润率。价格策略细分要素包括:基本价格、折扣、返利、付款时间和信贷条件等。

案例:在品牌市场定位的价格空间内,如何提升对品牌的关注度?

奇瑞汽车的趣味价格定位可谓是一种创新。从QQ的33333,旗云的55555到66666、77777等,奇瑞520的88888,东方之子的99999,瑞虎的111111,等等。如此定价,不仅没有了以往98、99式的老生常谈,由于其易记、易传播、有趣等特点,反而赚足了媒体和消费者的关注。因此,也吸引了其他品牌切入抢占部分亮点,如力帆汽车520款的定价为77777元,就是很有效地借势奇瑞创下的趣味价格定位法则,且不论它的其他营销手法如何,仅此一点也不失提升品牌关注。

3 渠道策略

该策略主要解决汽车供应商通过怎样的渠道将汽车送到消费者手中的问题。目前我国汽车销售主要是在店销售,但是随着客户对网络的日益熟悉和依赖,以及互联网和各个行业的相互渗透,大部分的顾客在到4S店了解实车之前都会在网络上进行资料查询,多方对比后才会有选择性地进入汽车4S店查看实车,然后,在销售人员的引领下进行车辆了解和试乘试驾,进而产生购买行为。因此,越来越多的汽车品牌主机厂和经销商开始重视网络营销,设置的网络营销平台形式各异,例如,官网、微信公众号、微博、各垂直媒体的汽车商城等。渠道策略细分要素包括销售渠道、储存设施、运输和存货控制等。

案例:网上4S店介绍

网上4S店作为一种具有革命性意义的汽车网络营销整合平台,它通过模拟线下售车的全过程,让汽车购销双方在足不出户的条件下即可实现网上看车、选车、咨询、订单生成的全过程,突破了时间和空间的限制,轻松便捷地完成选车购车的全过程,同时还可享受各种线下4S店没有的特别优惠。可以说网上4S店将网络独具的3D展示和互动的功能发挥到极致,在此汽车厂商的品牌展示需求和经销商销售需求也通过"网上4S店"实现了有机的结合,一体化推动终端销售。与传统的汽车4S店的"坐销"模式相比,网络营销的主动性和互动性为汽车行业带来营销模式的全新变革。

网上4S店作为一种全新的网络购车工具,不论是对于生产商、销售商还是消费者都具有非凡的意义。它通过全方位的整合资源颠覆了传统的购车方式,满足了生产商对品牌的展示需求和销售商对销售的需求,同时最大限度地满足了消费者的多元化需求。

汽车产品属于相对复杂的产品,消费者在购买之前必定需要收集相关的信息,对产品和品牌有一个全面的了解,网络则成为其获取汽车信息的主流渠道,而作为汽车网络营销整合平台——网上4S店的推出,正好满足了消费者对这方面的需求。他们可以不受时间和空间的限制,随时上网看车、评车以及进行在线交流,使受众对产品和品牌进行全面的了解。网上4S店通过发挥网络平台的优势,与消费者建立一种互动、双赢的营销模式。

网上4S店通过对多方面的优势资源进行整合,它不仅使品牌得到一个全面的展示,使受众对品牌有一个全方位的了解,而且打造了强大的品牌力和产品力。

4 促销策略

该策略主要解决供应商如何吸引消费者、告知消费者车辆性能、销售信息的问题。汽车企业设计生产出汽车产品,给其确定合理价格和适用销售渠道之后,在销售过程中,每个销售阶段内根据期间内销售目标,伴随开展促销活动,何时开展何种促销活动就是促销策略的运用。促销策略细分要素包括:人员推销、广告、公共关系、营业推广和售后服务等。

案例:极限营销——萨博实现"贴地飞行"

极限式营销指在汽车界在极端条件下展示车辆性能的一种营销手段。早期的宝马、奥迪的驾控训练营,极限营销一直都是运动类豪华车型独门手段,也非常符合这类车型的定位。源自北欧的萨博是第一个在试驾会上做出巨大改变的品牌,一场陆上飞行秀让众多消费者大开眼界。"贴地飞行"这个词对于汽车营销案例来讲绝对震撼,想必没人会对这样的汽车秀不感兴趣。萨博的性能和传播的功力可见一斑。

二、市场营销组合

1 市场营销组合的产生过程

早期,市场营销观念是生产观念、产品观念、推销观念时,营销要素只强调四种要素中的一种:价格或产品或促销。市场发展证明,前三种观念是不适应现阶段汽车市场需求的,相对应的,单个的营销要素也是不适应的。于是,在市场营销观念和社会营销观念阶段,出现了一种新的与之相对应的营销要素,即市场营销组合。

图1-5-1所示为市场营销组合的产生过程。

第五章 汽车营销组合策略

> 市场营销观念、社会营销观念——整体营销思想——市场营销组合

图 1-5-1 市场营销组合的产生过程

2 市场营销组合的概念

市场营销组合指将产品、价格、渠道、促销营销要素进行适当组合和搭配,从不同角度发挥最佳作用,达到经营目标。

 案例：市场营销组合的应用

目前,我国汽车销售的主要模式是 4S 店品牌销售,各品牌经销店在售的整车都是在汽车生产厂家的市场指导价指导下,结合本经销店具体情况和本区域汽车市场竞争和供给情况进行销售的。任何一款在店销售整车都是经过汽车生产企业在消费者需求调研的基础上,运用产品策略设计生产出来的,市场指导价是汽车生产企业运用价格策略决定的,使用 4S 店品牌销售模式是汽车生产企业运用渠道策略决定的,在店的销售顾问属于促销策略中的人员推销,大型让利活动、贷款优惠或赠送大礼包等都属于促销策略中的营业推广,而电视、广播、杂志、网络等传递的品牌汽车信息均属于广告。所以,目前我国汽车销售采用的是整体营销思想,综合运用市场营销组合策略。

三 现代营销组合趋势

4PS 营销组合是以生产者利益为出发点的一种营销组合。目前,我国的汽车市场已经是典型的买方市场,各大汽车企业已经深刻体会并贯彻实施了以消费者为核心的汽车产品销售和服务。所以,在 1990 年,美国营销学者罗伯特·劳特朋提出了以消费者需求为出发点的 4CS 营销组合。

1 4CS 营销组合

(1) 顾客需要与欲望(Customers and wishes)——消费者需要什么样的产品；
(2) 费用(Cost)——消费者购买该产品的心理价位；
(3) 便利(Convenience)——消费者是否容易买到该产品；
(4) 交流(Communication)——怎样和消费者交流比较畅通。

2 CS 营销战略

CS(Customer Satisfaction),即顾客满意。
据调查显示,一个满意的顾客会引发 8 笔潜在生意,其中至少有一笔成交,一个不满意

顾客会影响25个人的购买意愿。争取一位新顾客所花的成本是保住一位老顾客所花出的6倍。

越来越多的汽车企业深刻体会到汽车销售过程中顾客满意的重要性,提高顾客满意度也成为各大汽车企业努力的方向。特别是汽车企业开拓新市场时,顾客满意显得尤为重要。

案例:进口小车的本土化演义——MINI中国亲民营销

策略一:推出价格略高于20万元的亲民车型,扩大受众。为了进一步开拓中国市场,MINI的本土化营销首先从价格开刀,2007年MINI已经出现30万元以下的车型。2010年MINI车型的最低售价达到24万元,而在10月底重装上阵的MINI全新家族,引入了一款全新入门级车型——MINI ONE,售价仅为22.5万元。

策略二:2009首个中文广告推出,提高传播效率。MINI借2009年敞篷车上市之机,推出了中文宣传广告,这个MINI(中国)史无前例的本土化营销举措在业界引起了震动,并一发不可收拾,随后又推出了"MINI50周年庆生""MINI中国任务"等。

策略三:用品牌带动销量,BE MINI将更具中国味儿。MINI是一个典型的品牌拉动销量的代表,因此MINI会加强对"BE MINI"这个品牌口号的宣传,并将赋予其更多的中国味道。"MINI也是唯一一个敢用自己品牌名称来解释自己品牌内涵的汽车品牌"。

策略四:2010推出首个中文电视广告。MINI全系改款上市之后,中央二台播放了其进入中国以来第一个电视广告。该广告的推出进一步提高了MINI品牌的影响力,将唤起更多人心中的那个MINI。

随着国际汽车品牌进入中国和中国汽车品牌走向世界的速度加快,使用4CS营销战略更能使企业在开发新市场或者巩固已有市场时争取顾客,占领市场,增强竞争力。

第三节 产品策略

一、产品

产品指人们向市场提供的能满足消费者或用户某种需求的任何有形物品和无形服务。

二、产品的整体概念

人们通常理解的产品指具有某种特定物质形状和用途的物品,是看得见、摸得着的东西。这是一种狭义的定义。而市场营销学认为,广义的产品指人们通过购买而获得的能够满足某种需求和欲望的物品的总和,它既包括具有物质形态的产品实体,又包括非物质形态的利益,这就是产品的整体概念。产品分为五个层次,分别为:核心产品层、形式产品层、期望产品层、延伸产品层及潜在产品层。

1 核心产品层

核心产品层指产品提供给消费者的最基本的效用和利益。例如,汽车产品的代步功能、运输功能。

2 形式产品层

形式产品层指产品在市场上出现时的具体物质外形。例如,汽车产品的品质、式样、特征、商标、包装。

3 期望产品层

期望产品层指消费者在购买产品时,期望能得到的一系列附属性条件。例如,购买汽车时,顾客期望得到舒适的车厢、导航及各种安全保障。

4 延伸产品层

延伸产品层指汽车消费者在购买形式产品和期望产品时还想得到附加的服务和利益。例如,购买汽车,顾客在获得期望产品层满足后,还期望得到一系列附加的服务和利益,包括产品说明书、保证承诺、安装、维修、送货、技术培训等。

5 潜在产品层

潜在产品层是指汽车产品未来的潜在状态或发展方向。
汽车产品的整体构成见图 1-5-2。

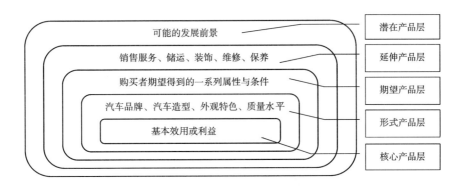

图 1-5-2　汽车产品整体构成

三 产品组合

1 产品组合

产品组合指一个营销者所营销的全部产品的结构,包括所有的产品线和产品项目。

2 产品线

产品线指与企业营销的产品核心内容相同的一组密切相关的产品——品牌的系列产品。

3 产品项目

产品项目指构成产品组合和产品线的最小产品单位。

4 产品组合的测量尺度

(1)广度:产品线的数目。
(2)深度:产品线中产品的项目数。
(3)长度:产品组合中产品项目的总和。
(4)关联度:各个产品现在最终用途方面、生产技术方面、分销方面以及其他方面的相互关联程度。

四 汽车产品组合策略

1 扩大汽车产品组合策略

(1)扩大汽车产品组合的广度;
(2)加深汽车产品组合的深度;
(3)加强汽车产品组合的相容度。

2 缩减汽车产品组合策略

(1)缩减汽车产品组合的广度;
(2)缩减汽车产品组合的深度;
(3)缩减汽车产品组合的相容度。

3 向上延伸、向下延伸、双向延伸策略

(1)向上延伸:高档汽车产品策略。

该种策略适用于生产低档产品的汽车企业。国内中高端汽车市场一直以来由合资企业产品占据,但因中高端产品可以提升企业形象、强化产品质量,国产品牌也纷纷将其产品线向上延伸。例如:比亚迪推出 L3、S6(SUV),两款车型报价集中在 10 万元以上区间。吉利帝豪推出 EC8,报价为 10.58 万~15.98 万元,竞争对手则是瞄准了合资企业的 B 级车。

(2)向下延伸:低档汽车产品策略。

该种策略适用于生产高档产品的汽车企业。国内中低端汽车市场一直以来由国产品牌占据,但因其市场容量庞大,合资品牌也纷纷推出了中低端产品来抢占这一市场份额。例如:东风日产推出小型车 March(玛驰),报价为 5.45 万~10.83 万元,该车成为东风日产庞大产品线中最低端的产品;上海通用推出小型车两厢赛欧,报价为 4.90 万~7.93 万元,是上海通用产品线向下发展推出的得力产品。

(3)双向延伸:高档、低档汽车产品同时发展策略。

该种策略适用于生产中档产品的汽车企业。根据企业的发展需要,向高档、低档同时延伸产品线。

五 汽车产品的生命周期

1 产品生命周期

产品生命周期指从产品试制成功投入市场开始,到被市场淘汰为止所经历的全部时间过程。产品生命周期曲线见图 1-5-3。

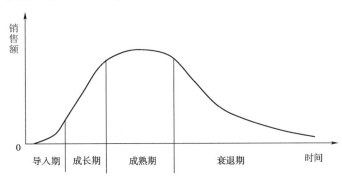

图 1-5-3 产品生命周期曲线图

导入期、成长期、成熟期、衰退期——各汽车产品经历时间长度不同。

2 汽车产品生命周期各阶段的特点

(1)导入期产品市场特点。

导入期产品市场特点表现为:由于是新产品,所以产品的市场占有率比较低;由于产品正处于顾客感知接受期,所以产品的市场增长率也比较低;又由于新产品需要树立形象吸引客户注意力,企业对产品投入资金比较多;盈利方面,可能出现仅仅收支平衡或者甚至出现入不敷出的情况。

(2)成长期产品市场特点。

成长期产品市场特点表现为:经过导入期的市场拓展,产品的市场占有率逐渐增大;由于产品已被市场接受,产品的市场增长率呈较大幅度增长;盈利方面,处于该期的产品已经出现盈利状况,并且利益呈快速增加趋势。

(3)成熟期产品市场特点。

成熟期产品市场特点表现为:产品市场经过成长期的大力发展,市场占有率基本处于最大限度,市场规模不再扩大;有类似产品投放市场进行竞争,产品的市场增长率呈现下降趋势,或者增长率为零;盈利方面,处于该期的产品盈利状况良好,利润率最大,基本上是企业的赚钱业务。

(4)衰退期产品市场特点。

衰退期产品市场特点表现为:由于竞争对手的威胁或产品技术的落后或消费者的审美疲劳,产品市场占有率逐渐减少,市场规模逐渐萎缩;销售量逐渐减少,相对应的市场增长率可能出现负增长;盈利方面,处于该期的产品盈利状况较差,基本上不太赚钱。

六 汽车产品生命周期各阶段营销策略

1 导入期市场营销策略

由于产品市场的特点,该阶段的市场营销策略突出一个"短"字,即通过使用价格和促销等营销因素尽量缩短导入期长度。

2 成长期市场营销策略

由于产品市场的特点,该阶段的市场营销策略突出一个"快"字。因为市场占有率和市场增长率都较大,比较容易引起竞争者的注意,可能会有大量的同类市场涌入市场抢占市场份额。所以,该阶段企业就要在竞争开始之前或开始之时就快速占领市场,保持较大的市场增长率以扩大市场占有率。

3 成熟期市场营销策略

由于产品市场的特点,该阶段的市场营销策略突出一个"长"字。因为市场份额已经发展为最大规模,利润也实现了最大化。所以,该阶段企业就要通过增加产品附加价值或开展增值服务来吸引客户,维持市场份额和利润的最大化。

4 衰退期市场营销策略

由于产品市场的特点,该阶段的市场营销策略突出一个"转"字。因为该阶段市场份额出现萎缩现象,市场增长率出现负增长,相对应的企业利润也会降低,甚至亏本。所以,该阶段企业或者弃旧图新,淘汰老旧、没有市场吸引力的产品,寻找新的、市场前景良好的产品;或者更新换代,在已有老旧产品的基础上进行更新,以适应消费者的新需求,使改良产品进入导入期,开展新一轮的产品生命周期。

七 汽车品牌的概念

汽车品牌指用来标志并识别某一或某些车型的符号系统,使之与其他竞争者相区别的名称、名词、符号和设计,或者是 4 种的组合,主要用来体现企业核心价值和经营思想。

案例:汽车品牌的重要性

"成功的基本要素是产品及质量,而成功的主要因素是销售和品牌。"

——美国通用汽车公司副总裁杨雪兰女士
《中国汽车业如何在强手林立的国际市场取胜》

她认为,品牌具有价值,可以使产品卖出更好的价钱,可以为企业创造更大的市场;品牌生命持久,一款新车的市场寿命非常短暂,一个名牌的市场寿命却天长地久;一辆汽车的交易是一次性的,一个优秀品牌则会赢得顾客一生的信赖。好的品牌可以创造牢固的客户关系,形成稳定的市场,这就是品牌的价值所在。

八 汽车品牌营销策划

品牌营销策划指使企业的商标转化为名称,名称转化为品牌,品牌再转化为强劲品牌的一系列活动。汽车品牌营销策划步骤见图 1-5-4。

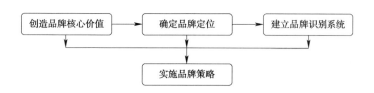

图 1-5-4 品牌营销策划步骤

1 创造品牌核心价值

品牌核心价值指一个品牌承诺并兑现给消费者的最主要、最具差异性与持续性的理性价值、感性价值或象征性价值,它是一个品牌最中心、最独一无二、最不具时间性的要素。汽车企业要发展壮大,在汽车市场中占据一定的市场份额,一个首要的工作任务就是要选择企业的品牌核心价值并不断地强化。

案例:沃尔沃汽车品牌核心价值

沃尔沃汽车长期秉承的核心价值为"安全""环保""品质"及"设计"。其广告也持续宣传了这一系列理念。

"安全":无论您是在驾驶汽车,还是在设计汽车,知识都有助于拯救生命。请了解一下我们掌握了什么知识,以及我们如何花费了70余年的时间将这些知识运用于汽车制造的方方面面。

"环保":从我们选择的材料,到我们采用的技术,我们致力于成为豪华车市场的环保领先者之一。

"品质":从我们的制造工艺的精湛,到我们的设计的完美,处处彰显沃尔沃的非凡品质。

"设计":平滑的线条。创新的材料。周到的想法。没有一个设计元素不得其所。

2 确定品牌定位

确定品牌定位指为某个特定品牌确定一个适当的市场位置,使商品在消费者心中占领一个特殊的位置,当某种需要突然产生时,随即想到该品牌。汽车产品目前已处于一个同质化严重的阶段,如何让企业产品在众多竞争对手中脱颖而出,确定出区别于其他品牌的品牌定位是众多企业不二的选择。例如,同为高档汽车品牌,奥迪的品牌定位为"科技领先、启迪未来",奔驰的品牌定位则为"尊贵"。由于品牌定位不同,传达给客户群的品牌形象不同,则客户群不同,保证了各品牌拥有忠实固定的购买群体。

3 建立品牌识别系统

品牌识别系统指一系列由名称、名词、符号和设计组成的,用以标志并识别产品的符号系统,其可以是文字标志的形式,也可以是图形标志的形式,还可以是文字与图形的组合。国内外大多数汽车企业对其所属或下属品牌都给出了标志性极强的识别系统。

案例:汽车品牌识别系统

国际知名汽车品牌标志示例见表1-5-1。

国际知名汽车品牌标志示例

表 1-5-1

标志	说明
	宝马标志中间的蓝白相间图案,代表蓝天、白云和旋转不停的螺旋桨,喻示宝马公司渊源悠久的历史,象征该公司过去在航空发动机技术方面的领先地位,又象征公司一贯宗旨和目标
	德文 Volks Wagenwerk,意为大众使用的汽车,标志中的 VW 为全称中第一个字母。标志像是由三个用食指和中指做出的"V"组成,表示大众公司及其产品必胜-必胜-必胜
	奥迪轿车标志是四个连环圆圈,四个圆环表示当初是由霍赫、奥迪、DKW 和旺德诺四家公司合并而成的。半径相等的四个紧扣圆环,象征公司成员平等、互利、协作的亲密关系和奋发向上的敬业精神
	本田汽车公司创始人本田宗一郎用自己的姓氏作为公司的名称和商标,"H"是"本田"日文拼音"HONDA"的第一个大写字母。这个标志体现出本田公司年轻性、技术先进性等新颖形象,也体现了其职工完美和经营坚实的特点
	福特汽车的标志是采用福特英文 Ford 字样,蓝底白字。由于创建人亨利·福特喜欢小动物,所以标志设计者把福特的英文画成一只小白兔样子的图案
	标致汽车公司的前身是一家生产拉锯、弹簧等铁制工具的小作坊。这些铁制品的商标是一个威武的雄狮,它是公司所在地弗南修·昆蒂省的标志,有不可征服的喻义。体现了标致拉锯的三大优点:锯齿像雄狮的牙齿久经耐磨、锯身像狮子的脊梁骨富有弹性、拉锯的性能像狮子一样所向无阻。当 1890 年,第一辆标致汽车问世时,为表明它的高品质,公司决定仍沿用"雄狮"商标
	1909 年 6 月戴姆勒公司申请了三叉星作为轿车的标志,象征着陆上、水上和空中的机械化。1916 年在它的四周加上了一个圆圈,在圆的上方镶嵌了 4 个小星,下面有梅赛德斯"Mercedes"字样。"梅赛德斯"是幸福的意思,意为戴姆勒生产的汽车将为车主们带来幸福
	丰田椭圆标志中的大椭圆代表地球,中间由两个椭圆垂直组合成一个 T 字,代表丰田公司。它象征丰田公司立足于未来,对未来的信心和雄心,还象征着丰田公司立足于顾客,对顾客的保证,象征着用户的心和汽车厂家的心是连在一起的,具有相互信赖感,同时喻示着丰田的高超技术和革新潜力
	别克商标中形似"三利剑"的商标为三把颜色不同的利剑(从左到右分别为红、白、蓝三种颜色),依次排列在不同的高度位置上,给人一种积极进取、不断攀登的感觉,它表示别克采用顶级技术,别克人是勇于登峰的勇士

4 实施品牌策略

（1）汽车品牌的使用策略。

①统一品牌策略。

统一品牌策略指企业以同一品牌，统一标志不同的车型。使用统一品牌有利于提高该品牌的展露度和出镜率，从而使企业的知名度和美誉度得以提高，而且对于企业新推出的产品，也可以借助该品牌已建立的信誉和形象打开市场。例如，日产公司在其本国内生产和销售时分为多个轿车品牌，有公爵王、贵妇人、地平线、达特桑等，当这些轿车用于出口时，却一律用"达特桑"品牌。但是，该品牌策略容易产生"一荣俱荣""一损俱损"的情况。所以，目前很多汽车企业对其进行慎而选之。

②差异品牌策略。

差异品牌策略指以不同的品牌，分别标志不同的车型，一般对不同等级、不同定位群的产品进行不同品牌使用。目前，该策略是国内外大多数汽车企业优先选择的品牌使用策略。

例如，上海通用汽车有限公司旗下三个品牌：上海通用别克、上海通用雪佛兰及上海通用凯迪拉克。

（2）汽车品牌的成名条件。

1997年，我国机械工业部制订了《汽车工业名牌产品的认定办法》，认为只有同时具备以下4个条件者方可称之为名牌：

①产品实物质量与技术水平达到了国际或国内同行业先进水平；

②用户满意度高，用户评价产品好用、适用、服务满意，有良好的信誉；

③产品适销对路，市场占有率高，其性能价格比在同行业中处于领先地位；

④企业建立了完善的质量体系并在有效运行，工艺管理达到了良好等级。

任 务 书

汽车品牌_____ 汽车型号_____ 小组编号_____

小组成员_____

一、分析小组车型处于生命周期的哪个阶段,并说明原因。

| |
| |

二、写出小组车型的品牌识别系统,并说明其内涵。

| |
| |

第四节 价格策略

一 汽车价格的构成

汽车价格是汽车价值的货币表现,由四个要素构成。构成要素见图1-5-5。

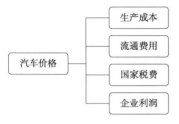

图1-5-5 汽车价格构成

1 汽车生产成本

汽车生产成本指汽车在生产过程中产生的各种费用,例如,原材料费用、厂房费用、设备费用等,是制订汽车价格的基础。

2 汽车流通费用

汽车流通费用指汽车从汽车生产企业向最终消费者移动过程各个环节之中发生的费用,例如,物流费用、中转仓储费用等。

3 国家税费

汽车征收各种税费是国家对汽车产品价格的一种调整,一般通过制订汽车税率进行征收。在我国,对汽车征收的税包括增值税、所得税、营业税、消费税和购置税等。

4 汽车企业利润

汽车企业生产销售汽车产品的最终目的是要使企业的资本增值,所以,汽车价格在以上三个要素的基础上还要附加企业利润,企业一般通过制订利润率来实现企业利润。企业利润是汽车企业扩大再生产的重要资金来源。

5 常见汽车价格的构成

汽车出厂价格 = 汽车生产成本 + 汽车生产企业的税金 + 汽车生产企业的利润

汽车批发价格 = 汽车生产成本 + 汽车生产企业的税金 + 汽车生产企业的利润 + 汽车流通费用 + 汽车批发企业的税金 + 汽车批发企业的利润

汽车销售价格 = 汽车生产成本 + 汽车生产企业的税金 + 汽车生产企业的利润 + 汽车流通费用 + 汽车批发企业的税金 + 汽车批发企业的利润 + 汽车销售费用 + 汽车销售企业的税金 + 汽车销售企业的利润

二 产品成本分类

汽车生产成本是汽车产品价格的构成基础,一般分为以下六种。

1 固定成本

固定成本指在一定的生产经营规模内,不随产品种类及数量变化而变动的成本费用,例如,固定资产折旧、租金、设备、厂房等。

2 变动成本

变动成本指随产品种类及数量的变化而相应的变动的成本费用,例如,原材料、燃料、生产工人工资等。

3 总成本

总成本指汽车生产过程中发生的全部固定成本费用和变动成本费用之和。

4 单位固定成本

单位固定成本指单位产品所包含的固定成本费用的平均分摊额。

5 单位变动成本

单位变动成本指单位产品所包含的变动成本费用的平均分摊额。

6 单位平均成本

单位平均成本指总成本费用与总产量之比,即单位产品的平均成本。

三 影响汽车产品价格的主要因素

1 外部因素

(1)产品的供求因素。

汽车产品跟所有产品一样,价格和供求存在直接的关系。当汽车市场汽车供应大于需求时,汽车价格相应会有所下调;当汽车市场汽车供应小于需求时,汽车价格则会有所上调。

(2)市场竞争因素。

市场竞争因素也是影响汽车产品价格的一个主要因素。汽车市场的竞争属于完全竞争,即同种汽车产品有多个营销者,他们以同样方式向市场提供同类标准化产品,但各自占据份额很小,不能左右产品价格。

根据完全竞争的特点,汽车价格形成于多次交易过程中。

(3)社会环境因素。

社会环境因素对汽车价格存在影响,该因素分为两部分:一是国家政策环境,即税收、信贷利率、政策,该因素主要对汽车价格起到监控、保护和限制作用;二是社会经济环境,主要表现在:经济繁荣期汽车需求量提高,汽车价格上涨,经济衰退期汽车需求量降低,汽车价格下降。

(4)消费者的心理因素。

价格制订是否具有竞争力,关键是看消费者能否接受。所以,消费者的心理因素是影响汽车价格的决定因素。消费者的心理因素包括两部分:心理价位和购买动机。

心理价位的价格影响表现在:企业制订的汽车价格必须在消费者的心理价位之内,否则,消费者不会产生购买行为。

购买动机是指消费者最终产生购买行为的原因,一般包括:求实动机、求名动机、求廉动机、求新动机、求奇动机等。消费者购买某产品的购买原因不外乎以上某种动机,或者几种动机的综合。企业在制订汽车价格时就必须考虑到产品所对应消费者的主要购买动机,并在价格方面满足消费者。例如,消费者是出于求实动机和求廉动机会购买的产品,企业利润率就适当定低一些,因为该部分消费者对价格比较敏感;消费者是出于求名动机、求新动机及求奇动机会购买的产品,企业利润率可适当定高一些,相对应的,该部分消费者对价格在乎程度稍低。

(5)需求价格弹性。

需求价格弹性指商品需求量的变化和该商品价格变化的比值,是描述需求量变动随价格变动关系的一种变量,一般用 E_p 表示。其值有正负之分,一般取绝对值。

当 $E_p < 1$ 时,需求量与价格的高低关系不大,价格对需求量影响不大,称为缺乏弹性。

当 $E_p > 1$ 时,需求量与价格的高低关系密切,价格对需求量影响很大,称为富有弹性。

当 $E_p = 0$ 时,需求量与价格的高低无关,价格对需求量不产生影响,称为完全无弹性。

当 $E_p = \infty$ 时,称为完全弹性。

需求价格弹性对汽车价格的影响一般表现在:高中档、豪华型汽车多为缺乏弹性产品,企业在定价和促销时多不会采用降价方法,因为,降价对销售量的增加作用不大。而低档、经济型汽车多为富有弹性产品,企业在定价和促销时多会采用降价方法,因为,降价对销售量的增加作用很大,可能一个单位的降价会引起几十乃至几百个单位的销售量增加。

2 内在因素

(1)生产成本。

生产成本决定汽车产品价格的最低下限,所以,其对汽车价格的影响是根本性的。汽车企业惯用提高利润的方法就是降低生产成本。

案例:生产成本控制举例

丰田精细化生产管理模式

在20世纪后半期,整个汽车市场进入了一个市场需求多样化的新阶段,对质量的要求也越来越高,越来越多的汽车企业开始考虑如何有效地组织多品种小批量生产,以消除生产过剩所引起的设备、人员、库存费用等一系列的浪费,从而维持或提高企业的竞争能力。

在此历史背景下,1953年,日本丰田公司的副总裁大野耐一综合了单件生产和批量生产的特点和优点,创造了一种在多品种小批量混合生产条件下高质量、低消耗的生产方式即准时化生产(Just In Time,简称JIT)。

JIT生产方式的基本思想是生产计划、控制及库存管理,即只在需要的时候,按需要的量,生产所需的产品,也就是追求一种无库存,或库存量达到最小的生产系统。该生产方式以准时生产为出发点,对设备、人员等进行淘汰、调整,达到降低成本、简化计划和提高控制的目的。在生产现场控制技术方面,JIT的基本原则是在正确的时间,生产正确数量的零件或产品,即准时生产。它将传统生产过程中前道工序向后道工序送货,改为后道工序根据"看板"向前道工序取货,看板系统是JIT生产现场控制技术的核心,但JIT不仅仅是看板管理。

JIT的目标是彻底消除无效劳动和浪费,具体要达到以下目标。

(1)废品量最低(零废品)。JIT要求消除各种引起不合理的原因,在加工过程中每一工序都要求达到最高水平。

(2)库存量最低(零库存)。JIT认为,库存是生产系统设计不合理、生产过程不协调、生产操作不良的证明。

(3)准备时间最短(零准备时间)。准备时间长短与批量选择相联系,如果准备时间趋于零,准备成本也趋于零,就有可能采用极小批量。

(4)生产提前期最短。短的生产提前期与小批量相结合的系统,应变能力强,柔性好。

(5)减少零件搬运,搬运量低。零件送进搬运是非增值操作,如果能使零件和装配件运送量减小,搬运次数减少,可以节约装配时间,减少装配中可能出现的问题。

(6)机器损坏率低。

(7)批量小。

为了达到上述目标,JIT对产品和生产系统设计考虑的主要原则有以下三个方面:第一,产品设计应与市场需求相一致,在产品设计方面,应考虑到产品设计完后要便于生产;第二,尽量采用成组技术与流程式生产;第三,与原材料或外购件的供应者建立联系,以达到JIT供应原材料及采购零部件的目的。

丰田公司在其公司内部普遍推行JIT生产方式,销售成果显著,在美国市场上取得了一系列骄人成绩。之后,其又在此基础上对成本进行了更进一步的控制。2005年2月,在丰田公司"潜伏"了42年之久、62岁的渡边捷昭,被任命为丰田汽车新总裁。他的至理名言"拧干毛巾上的最后一滴水",在日本商圈里向来以成本控制能力著称,是出了名的"成本杀手"。2005年就任丰田总裁后,渡边捷昭以更大的力度推行其主导的丰田CCC21成本削减计划,即将180个主要零部件的价格降低30%。而且,他领导下的管理层在成本控制方面已经又提出了新的思路,其核心就是控制成本,增大产能。在丰田高冈工厂,设置了经过简化的组装流程,称为"全球车身生产线"。这个生产线最大限度地利用了常用的工具,减少生产步骤。系统本身除了具有令人难以置信的弹性(丰田可以很容易在8种车型之间转产)之外,安装成本也比原来减少50%,改装生产新车型的成本也减少70%,而且用三个星期就能满负荷生产。相比之下,旧系统则要三个月。于是,这套系统很快在世界各地的丰田工厂铺开。

在2006年,丰田凭借在美国市场销售汽车超过250万辆的成绩,击败当时的戴姆勒-克莱斯勒公司(全年销量近240万辆),首次杀入年度美国汽车市场前三甲。而在中国,丰田的势头也无人可挡。这一年,丰田在中国销量猛增68%,达到30.8万辆。也就是在这一年年底,丰田在北京举行了新COROLLA全球首发仪式,第10代新COROLLA率先在中国亮相,新COROLLA的中文名称为"卡罗拉"。在2007年,卡罗拉加花冠的组合,被人称为了"黄金搭档"。同时,凯美瑞在这一年也复制了它在美国市场创造的神话,在中国市场的年销量突破17万辆,创造了中国中高级车市新的年销量纪录,以12个月全胜业绩夺取中国中高级车市销量总冠军。卡罗拉和凯美瑞的同时爆发,一汽丰田和广州丰田的同时发力,让丰田在中国达到了一个巅峰时刻,2007年丰田再次以超过60%的增幅,让自己在中国市场的位置,仅次于德国大众。

2008年,通用保持了76年的世界"老大"记录作古,丰田登基。

(2)汽车的车型与配置。

汽车产品在生产销售时,同款车会设计生产不同的车型和配置,且配以不同的价格,目的在于满足不同消费群体的需要,也是对汽车价格的一种调整。

(3)汽车产品的生命周期。

处于不同生命周期的汽车产品其市场特点是不同的,主要体现在市场占有率、销售增长率和销售额。所以,汽车企业会根据产品的市场表现将其划分到产品生命周期各阶段内,对其进行价格调整,以提高市场占有率和销售额,维持较大的销售增长率。

四 汽车新产品定价策略

1 撇脂定价策略

撇脂定价策略指采用高价快速回收资本的一种定价策略。该策略一般适用于:
(1)汽车新产品、技术新、难度大、开发周期长;
(2)竞争者很难迅速进入市场;
(3)汽车产品具有硬性需求。

2 渗透定价策略

渗透定价策略指采用低价慢慢渗透打开市场的一种定价策略。该策略一般适用于：
(1) 竞争者容易进入市场，用低价排斥竞争者；
(2) 生产规模大、成本低、单位收益大；
(3) 产品需求价格弹性为富有弹性。

3 满意定价策略

满意定价策略是一种介于撇脂定价策略和渗透定价策略之间的汽车定价策略，其价格一般高于渗透定价价格，低于撇脂定价价格，使生产者和消费者都比较满意，是风险较小的一种定价策略。

4 整数定价策略

整数定价策略多用于档次较高、需求价格弹性较小的高档汽车，该部分消费者对产品价格不敏感，且整数价格给消费者留有高档印象，符合他们的购买需求。

5 尾数定价策略

尾数定价策略多用于档次较低、需求价格弹性较高的低档汽车，该部分消费者求廉动机明显，尾数价格给消费者留有直观便宜的印象，感觉价格是经过认真核算定出，符合他们的购买需求。

6 汽车产品组合定价策略

汽车企业某一时期生产销售的汽车产品一般不止一个，而是根据企业当时的现状和满足消费者需求的情况确定出一个产品组合。在产品组合当中，一般的产品定价策略是：高价＋中价或中价＋低价。每个汽车企业都会有价格相对较高的产品，一般来说，销量也会相对较少，该类产品称为品牌价格产品，用来提升该汽车品牌的品牌效应；同时，也会有价格相对较低的产品，一般来说，销量也会相对较多，该类产品称为价格明星产品，用来吸引顾客购买和注意该品牌产品。

案例：汽车产品组合定价策略运用举例

上汽大众目前生产与销售大众和斯柯达两个品牌的产品。其中，大众品牌车型有POLO家族、新桑塔纳家族、Lavida 家族、Lamando、全新帕萨特、辉昂、途观丝绸之路版、全新途观 L、途昂和途安；斯柯达品牌车型有晶锐、昕锐、昕动、明锐、明锐旅行车、速派、柯迪亚克、柯珞克和柯米克。这两大品牌的汽车产品定价就遵循了产品组合定价策略。其中，大众品牌下的辉昂报价为 34.9 万~65.9 万元，途昂报价为 30.89 万~51.89 万元，价格相对较高，销量相对较少,为其品牌价格产品;桑塔纳报价为 8.49 万~13.89 万元,POLO 报价为 7.59 万~14.69 万元,价格相对较低,销量相对较多,为其价格明星产品。斯柯达品牌下的速派报价为 16.98 万~24.98 万元,柯迪亚克报价为 18.98 万~26.98 万元,价格相对较高,销量相对较少,为其品牌价格产品;晶锐报价为 6.99 万~10.99 万元,昕动报价为 6.99 万~11.99 万元,价格相对较低,销量相对较多,为其价格明星产品。

五 汽车价格使用策略

汽车价格使用策略指在产品价格一定的基础上,在销售过程中所采用的具有促销作用的价格策略,一般有三种表现形式。

1 数量折扣

数量折扣指汽车生产企业根据买方(多为销售商)购买汽车数量的多少,分别给予不同的折扣。常见的有两种:累计数量折扣,即根据某一时段买方购买汽车数量不同给予不同的折扣;单次数量折扣,即根据每次买方购买汽车数量不同给予不同的折扣。

2 付款折扣

付款折扣指对按约定日期提前付款或按期付款的买主给予一定的折扣优惠价,汽车生产企业对销售商和销售商对终端客户均适用该策略。

3 时间折扣

时间折扣指在不同时段给予产品不同的折扣。该策略用在汽车价格使用方面,主要体现在汽车销售的淡旺季和特定时段两方面。例如,汽车销售的金九银十直至年前,都是汽车销售的旺季,而前半年则是淡季,会给予买方不同的让利活动;又或者每年的五一、十一、汽车企业的周年庆或开业等特定时段,会给予买方不同的让利活动。

六 降价的具体措施

1 直接降价

直接降价是一种由厂家直接发布价格下调指令的降价措施,该措施一般会给汽车品牌和产品带来负面影响,企业一般不采用。

2 间接降价

间接降价是一种汽车企业多采用的降价措施,其促销效果明显且对汽车品牌和产品不宜带来负面影响。其主要表现在两方面:

(1)送赠品、送装饰、送保养、送大礼包等；
(2)增配置不降价,提高产品性价比。

七 汽车定价过程

汽车定价全过程见图1-5-6。

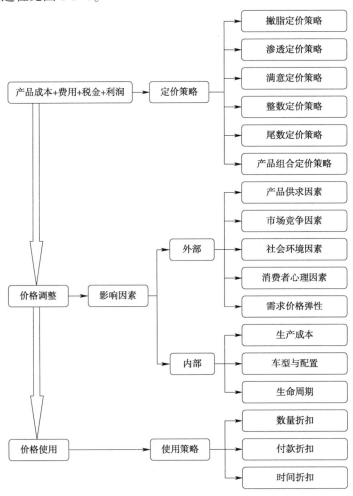

图1-5-6　汽车定价全过程

案例:汽车价格策略的使用

雅阁的成功价格策略

广汽本田汽车有限公司由广州汽车集团和本田工业技研株式会社各出资50%建设而

成。建厂初期,广汽本田引进本田雅阁轿车,生产目标为年产 5 万辆以上,起步阶段为年产 3 万辆。生产车型为雅阁 2.3VTi-E 豪华型轿车、2.3VTi-L 普通型轿车和 2.0EXi 环保型轿车。1999 年 3 月 26 日,第一辆广州本田雅阁轿车下线。2000 年 2 月 28 日,广州轿车项目通过年产 3 万辆的项目竣工验收。

对于中国市场来说,雅阁汽车不仅从一投放市场就开始热销,而且其价格策略也显得高人一筹。

2002 年 1 月 1 日起,轿车关税大幅度降低,排量在 3.0L 以下的轿车整车进口关税从 70% 降低到 43.8%,3.0L 以上的从 80% 降到 50.7%,最终降至 25%。关税的下调必然引起部分进口车变得便宜,此时国内部分汽车厂家为了应对这一情况,纷纷下调车价。但是,广汽本田考虑到政府决定进口车的数量,短时间内进口车并不会增加许多。于是,广汽本田宣布了一个令所有人都感到吃惊的决定:2002 年广汽本田的所有产品价格不下调。

紧接着 2003 年,广汽本田却借推出换代车型之机,全面升级车辆配置,同时大幅压低价格。2003 年 1 月,广汽本田新雅阁下线,在下线仪式上广汽本田公布新雅阁的定价,其全新公布的价格体系让整个汽车界为之震动:排量为 2.4L 的新雅阁轿车售价仅为 25.98 万元(含运费),而在此前,供不应求的排量为 2.3L 老款雅阁轿车的售价也要 29.8 万元,还不包含运费。这意味着广汽本田实际上把雅阁的价格压低了 4 万多元,且新雅阁的发动机、变速器和车身等都经过全新设计,整车操作性、舒适性、安全性等方面都有所提高。更重要的是,广汽本田此次新雅阁的低价格是在旧雅阁依然十分畅销的前提下做出的,其总经理门胁轰二的解释是:"一方面,广汽本田致力于提高国产化率来降低成本,有可能考虑将这部分利润返还给消费者;另一方面,这也是中国汽车业与国际接轨的必然要求。"业内人士认为,这正是广汽本田在新的竞争形势下调整盈利模式的结果。

新雅阁一步到位的定价影响了整个中高档轿车市场的价位,广州本田的这种定价策略一直贯穿到之后下线的飞度车型营销之中,广汽本田车型的价格体系也因此成为整个国内汽车行业价格体系的标杆,促使国产中高档轿车价格向"价值"回归,推动了我国轿车逐渐向国际市场看齐。同时,一步到位的产品定价也促使了广汽本田车型在中国的长期热销。

任 务 书

汽车品牌_____　　汽车型号_____　　小组编号_____
小组成员_____

一、分析小组车型的新产品定价策略。

二、分析小组车型的价格使用策略。

三、分析小组车型降价的具体措施。

四、分析小组车型所属汽车公司的产品组合,试确定其中品牌价格产品和价格明星产品,并说明原因。

第五节　分　销　策　略

一　分销渠道

分销渠道指产品从生产者向用户转移过程中所经过的一切取得所有权的商业组织和个人,即各个中间环节连接起来形成的通道,中间环节多指中间商。

在我国,目前轿车销售的分销渠道组成多为特约品牌经销商,其多为四位一体模式,即集整车销售、零配件供应、售后服务和信息反馈为一体。

二　汽车分销渠道主要模式

直接渠道:生产者——用户　重型、大型载客载货车辆

间接渠道 { 生产者——零售商——用户
生产者——批发商——零售商——用户
生产者——代理商——批发商——零售商——用户 } 小型载客车辆

1 直接渠道

直接渠道指汽车生产企业所有销售管理部门均为销售终端,其优点为直接面对消费者、品牌经营理念贯彻、信息反馈及时。该渠道多用于重型、大型载客载货车辆。

2 间接渠道

间接渠道指汽车生产企业所有销售管理部门均不面向终端客户销售,只对口中间代理商,再由中间商对口零售商,最后由零售商对口终端客户。

间接渠道中的三种渠道形式均适合小型载客车辆,第一种渠道是我国国产(合资品牌和自主品牌)汽车的主要渠道形式,其既可以保证品牌经营理念的贯彻和信息反馈的及时,又可以适当地分散汽车制造企业的责任,将终端销售工作外包给众多的代理商,使汽车制造企业可以集中力量强化核心竞争力。近几年来,随着越来越多的消费者开始选购进口汽车,间接渠道中的后两种渠道也开始适用于小型载客车辆,主要是适用于进口车的国内销售。

三　汽车分销渠道特点

(1)渠道普遍较短,零售业务多集中在渠道最后1~2个环节。

(2)渠道普遍较宽,销售网点较多,一个品牌在一个省平均设有10~20个经销店。

(3)普遍实行代理商制,多为品牌代理。

(4)普遍实行责任区制,各区域代理商只能在其责任区内销售,不可跨区域销售。

(5)汽车公司销售部不直接零售,销售部直接对口代理商,代理商对口终端客户。

(6)设有一级经销商和二级经销商,一级经销商均为四位一体,二级经销商一般只负责维修服务或备件销售,可代接订单但没有销售权,向一级经销商赚取手续费。

(7)大部分汽车品牌和经销商拥有自己的网络销售平台,主要形式包括:官网、微博、微信公众号、论坛、垂直媒体的汽车商城等。

案例:汽车分销渠道创新

MINI官网在线销售

2011年7月28日,MINI中国正式宣布开启官网销售渠道,开辟全新的销售模式。客户可以在任何地方通过网络登陆MINI中国官网,在线了解、订购MINI TATTOO。在线提交订单后,MINI将在第一时间提供线下服务支持。同时,在北京、上海、深圳、成都四个城市的指定区域范围之内,MINI还可为客户提供专属的一对一实车上门试驾服务。

官网网购MINI步骤如下。

1. 网上预订

进入MINI中国官网(www.minichina.com.cn)网上商店页面,即可查看MINI TATTOO的车型展示、车款信息以及详细的购车流程,最终可以完成在线订单提交。

2. 线下沟通

MINI客户中心400-800-6699,或客户选定的MINI授权经销商将会根据订单信息联系客户,向客户介绍线下服务的具体细节,解答客户的所有疑问以及预约实车试驾。

3. 实车试驾

MINI网上销售试点项目以客户为中心,提供高质量的客户购车体验。MINI当地授权经销商将在客户指定的时间和地点,送车上门,为客户提供专属试驾服务,专业销售顾问将全程陪同,向客户详细介绍车辆信息并解答疑问。

4. 付款交车

客户对车辆满意,服务专员将协助客户完成合同签订和付款事宜,最后根据客户意愿完成交车。

案例:汽车网络销售——汽车商城

汽车之家车商城

车商城是由中国领先的汽车互联网平台汽车之家(NYSE:ATHM)倾情打造的网上优惠

购车平台。用户通过车商城在线购买心仪车型,不仅可以获得购车优惠,更能体验到区别于传统4S店,更为个性化的尊贵购车服务,车商城专属顾问为客户提供五星级金牌服务。

1. 客户在线购车流程。

(1) 全款购车。

预订(在线支付订金)——确认(顾问联系确认购车意向)——看车(支付尾款)——提车(自提或者物流发车)

(2) 分期购车。

预订(在线支付订金)——确认(顾问联系确认购车意向)——提交资质(线下准备贷款资料并提交)——提车(贷款成功,支付余款提车)

2. 客户通过车商城购买平行进口车流程。

(1) 用户拨打页面上的顾问电话,车商城专属顾问为客户解答所有购车疑问;

(2) 车商城专属顾问陪同用户去港口购车,帮助客户看车和把关;

(3) 车商城专属顾问为客户挑选车辆提供专业的选车建议;

(4) 车商城专属顾问帮助客户办理所有购车手续;

(5) 车商城专属顾问协助客户在当地办理上牌;

(6) 车商城为客户提供交车服务,客户可以选择自提或者物流发车,车商城顾问全程跟进。

四 汽车销售的主要模式

1 品牌专卖制

品牌专卖模式是一种特许经销模式,其于1998年由欧洲传入我国,起用于部分汽车合资企业,其销售渠道多为汽车生产企业—专卖店—终端客户。专卖店演化至今多为四位一体或五位一体模式。

2005年2月,我国国家商业部、发改委、工商总局联合下发了《汽车品牌销售管理实施办法》,该办法规定所有国产、进口汽车必须采取授权经营模式进行销售。自此开始,4S销售店形式成为国内唯一合法经销模式。

该销售模式优点表现为:可提供舒适的购车环境、专业健全售后服务、纯正零部件及全程式服务,建立了以厂家为核心及技术支持的销售与服务系统。该模式在我国应用较为广泛,但仍然存在不足,即工作人员整体素质不高,软件配备亟待提高。具体表现为:管理人员管理能力不足,经验缺乏;销售人员工作积极性不高,工作技巧掌握不到位;维修人员业务素质较低,只能解决简单维修任务;等等。

2 总代理制

总代理模式指汽车制造企业授权该公司的全部汽车销售业务给一个总经销商,该地区的所有汽车销售业务均由总经销商操作执行。总经销商和汽车制造企业可能是股权或隶属或合作关系。其销售渠道多为汽车生产企业—总代理—区域代理—终端客户。

该销售模式渠道较长，有较大弊端，一般不建议采用，多用于进口汽车的销售。

3 区域代理制

区域代理模式指某品牌的某一地区的汽车销售由该地区的区域总代理负责，再设有几个下级代理商对应终端用户。其销售渠道多为汽车生产企业—区域总代理—下级代理—终端客户。该销售模式的显著缺点为对经销商控制力差。

4 汽车大卖场和汽车超市

目前，我国汽车销售模式发展出新型模式，即汽车大卖场和汽车超市。例如，北京亚运村汽车交易市场和武汉竹叶山汽车交易市场等。

这两种模式均为在相对集中场所经营多家厂家、多个品牌的车辆，但两者又有不同：汽车大卖场由市场经营管理者提供场地、收租金，汽车经销商进场经营各自车辆；汽车超市则由超市经营管理者提供场地、统一经营、统一定价、统一结算。

 案例：汽车超市举例

置信精典—成都的量贩式汽车超市

四川精典汽车贸易有限公司于 2003 年成立，秉承"为您想得更多，为您做得更好"的经营理念，以专业化的服务流程，为消费者提供从汽车购买到售后服务的全方位服务平台。

置信精典不仅是上海大众、一汽大众、长丰猎豹汽车一级代理经销商，也是劳斯莱斯汽车四川地区独家代表。在 8000m² 置信精典丽都汽车广场内，云集了法拉利、宝马、奔驰、沃尔沃、凌志、悍马等 30 多种中外知名品牌汽车，并且提供有专业的汽车经纪人办理的全程式购车服务，包括：咨询、看车、试驾、购买、银行按揭、法律咨询、上户、保险入档以及相关手续的办理。此外，丽都汽车广场还为车主提供了中西餐、咖啡、网吧、免费饮料、书吧、精品艺廊、儿童游乐区、影视欣赏区、电子商务、沙狐球、桌式足球、电子飞镖等配套的休闲、娱乐服务，以其人性化、艺术化、品质化、规模化的环境，为消费者带来了轻松愉悦的汽车消费环境。

在售后服务方面，精典汽车注册快修美容连锁公司(注册资金 1000 万元)，专业从事汽车清洗、美容、装饰、快修、保险理赔等服务，在成都各大社区以自购铺面的形式建立 40 多家统一形象、统一服务规范的连锁网络。2004 年 11 月，置信精典汽车维修中心建成，它汇集了上海大众、一汽大众和猎豹 4S 站以及德国博世汽车专业维修四川中心站，为广大车主提供品牌授权维修和综合品牌维修服务。

此外，精典汽车维修中心推出了六项升级服务，包括维修客户免费替换车队、24 小时全城网络联动救援等，开创了一个全新的园林化人本汽车维修时代。

任 务 书

汽车品牌_____ 汽车型号_____ 小组编号_____
小组成员_____

一、分析并画出小组车型的分销渠道模式。

二、分析小组车型汽车销售的主要模式。

第六节 促销策略

一 促销

促销指利用人员和非人员方式,通过与消费者沟通信息,引发、刺激消费者的消费欲望和兴趣,进而使其产生购买行为的活动。

汽车企业可通过促销活动,向广大消费者提供汽车产品和销售的信息,突出汽车产品的卖点,提高竞争能力,强化企业的形象,巩固市场地位,进而刺激需求,影响用户的购买倾向,开拓市场。

二 促销方式的分类

1 广告

广告指通过报纸、杂志、广播、电视、广告牌等广告传播媒体向目标顾客传递信息。该促销方式信息面广,可加强广大客户对企业的产品、商标、服务等的认识,并产生好感,但费用较高。

2 人员促销

人员促销指由推销人员与客户直接面谈沟通信息。该促销方式主要用于汽车展厅内、展示会上、驾乘活动中。其具有直接、准确、推销过程灵活、易于与客户建立长期友好合作关系的优点,但其对推销人员素质要求较高。

3 营业推广

营业推广指运用各种短期诱因鼓励消费者和中间商购买、经销或代理企业产品或服务的促销活动。该促销方式可有效吸引客户,刺激购买欲望,可较好地促进销售,但其有贬低产品之意,所以一般为短期开展。

4 公共关系

公共关系指企业在从事市场营销活动中,正确建立企业与社会公众的关系,树立企业良好形象,从而促进产品销售的一种活动。社会公众主要包括:消费者公众、协作者公众(经销商公众、供应商公众)、竞争者公众及政府公众。

该促销方式通过宣传企业形象改善公众的态度,对汽车商品的促销作用是间接的,且建立关系时间较长,见效较慢。但其可为企业建立长效优势,获得消费者对其品牌和产品的认同。企业与公众的关系一旦建立,不易失效。

三 广告策略

广告策略制订的一般流程见图1-5-7。

图 1-5-7 广告策略的制订流程

1 确定汽车广告目标

汽车广告目标即汽车广告在一个特定时期内,对某个特定公众所要完成的特定传播任务。

(1)建立知名度,多见于企业开业初期或新产品上市时。

(2)产品推广,多见于竞争产品出现,企业为了维持现有的市场占有率和增长率。

(3)树立企业形象,多见于企业发展到一定规模,为了回馈社会、体现大爱,其实也是出于增加企业竞争力的目的。

2 制订汽车广告预算

制订汽车广告预算一般考虑以下四个因素。

(1)产品生命周期阶段。

汽车产品在生命周期各个阶段表现出不同的市场特点,相对应的广告预算亦不相同。例如,导入期的市场份额较小,为了扩大知名度,可制订较高广告预算,通过强化广告效果以建立产品知名度。衰退期的产品竞争力已经下降,可能是替代品出现或产品过时,企业更多的资金应该投向市场调研和产品改良,广告促销效果不明显,广告预算应相对减少。

(2)市场占有率。

汽车产品如果已拥有较大市场占有率,则只需少量广告投入维持现有市场占有率即可。如果产品市场占有率较小,为了争夺市场份额,企业可制订较高广告预算,通过强化广告效果以增加市场占有率。

(3)竞争境况。

如果汽车市场竞争者众多,汽车企业为了争夺市场份额,可制订较高广告预算强化竞争力。如果汽车市场竞争者较少,则可适当减少广告预算。

(4)广告频率。

广告频率也与广告预算直接相关,频率越高广告预算越高。所以,汽车企业要严格按照实际需要确定广告频率,以确定适当的广告预算。

③ 设计汽车广告文案

广告文案是广告的脚本,广告文案决定了广告的信息量、促销作用大小及广告媒体的选择。在设计汽车广告文案时,首先要确定广告目的、受众对象、广告主题、广告信息,然后对广告信息进行构思、组合创意,最后形成文案。

案例:汽车广告的文案举例

一、别克凯越:全情全力,志在进取

1. 一个时代的主导力量,并非高高在上

时代中坚者,于脚踏实地中卓显实力。"全情全力,志在进取"是他们共同的语言:事业全力以赴,生活全情投入;更凭借领先优势,远见规划未来!

别克凯越,继承别克品牌品质精髓,以前瞻性标准融汇当代汽车科技,带来更高效动力,更舒适驾乘感受,更可信赖的周全保护,从而赢在起点,领先长远!别克凯越,天生风格沉稳而实力卓著,正可与时代中坚者并驾齐驱,前途无可限量!

2. 还在寻找更广阔的个人空间

凯越,为时代中坚者首创"双H"超高效和谐延展空间!

革命化的仪表盘连贯车门水平主轴(Horizontal),配合双暖色一体化内饰(Harmony)。置身其中,清晰感受空间延展,全局一手掌握。更汇聚高效空间规划,呈现自在驾乘感受——6米轴距座舱设置16处储物空间,兼顾繁忙公务与私密生活,全套智能电控系统,以简易化操控达成更高效率。凯越,助全情全力,志在进取之时代中坚者主导效率空间,放怀广阔未来!

3. 凯越科技,全方位呈现"动态舒适"驾乘科技,创领全员"动态舒适"驾乘新时代

独有的Twin-Tec发动机,Step-gate精确排挡与Twin-Link悬架一体联动,生成动态舒适感应,各类驰骋乐趣全员同步体验;全封闭承载式车身,配合前后排超高效空间,将全员保护与全员自由合二为一;更以豪华配备确立同级车领导地位,事业生活愈加得心应手!这就是凯越,助全情全力,志在进取之时代中坚者携手共进,成功指日可待!

二、新甲壳虫 New Beetle:过目难忘

当你钟情于一样东西,它是一切,一切是它;

独一无二的新甲壳虫,它的出现,将现代工业设计的瓶颈统统打破;

它证明,炫目且极富个性的外表与过硬且实用的内在品质,完全能够理想地结合;

当你钟情于这样的一条弧线,它就是光影,是笑脸,是喷泉。

三、POLO:R U POLO

宽容,总是在置身其中后,才让人大吃一惊;

经济,通常不挂在嘴边,但在心底却早留了位;

从容,是因为能瞬间将被动,转为主动;

活力,不只表现为精力过剩,有时也叫悠闲;

美貌,那种固定眼球的力量,俗称一见钟情;

内涵,往往听起来很淑女,或者看上去很绅士。

4 选择汽车广告媒体

常见的广告媒体有:电视、网络、报纸、杂志、广播及户外等。

在选择汽车广告媒体时要考虑以下四个因素。

(1)目标消费者的媒体习惯。目标消费者的媒体习惯决定了广告媒体的选择。

(2)产品特性。汽车产品特性决定了广告媒体的选择。例如:轿车使用普及率较高,一般采用电视或网络广告作为广告媒体;汽车产品技术含量较高,一般采用专业汽车杂志作为广告媒体。

(3)广告信息。广告信息内容决定了广告媒体的选择。例如:如果广告信息包含大量技术信息,则较适合选择专业汽车杂志作为广告媒体;如果广告信息是某时间段的促销活动宣传,则较适合选择广播和报纸作为广告媒体。

(4)费用。各种广告媒体的费用各不相同,企业应根据广告预算选择合适的广告媒体。一般来说,电视广告的费用最高,报纸广告的费用相对较低。

5 评价汽车广告效果

企业在广告制成之后要及时对广告效果进行评价,以修正和改进广告目标和预算,尽量以最低的预算达到最好的广告效果。

(1)评价汽车广告效果准则。

①广告中传达的信息和广告目标一致;

②广告要吸引消费者的注意力;

③广告可以引发消费者的正面联想;

④广告可以激发顾客的购买行为。

(2)常用评价汽车广告效果的方法有以下几种。

①记忆测试。记忆测试方法即组织消费者观看广告,然后请他们回忆所看过的广告,看能记住多少内容,并且检查消费者记住的内容是否和广告诉求一致。该方法可用来检验广告的吸引力和信息传达的正确性。

②实验室测试。实验室测试方法即利用仪器来测量消费者对于广告的心理反应情况,如心跳、血压、瞳孔变化等。该方法只能用来检验广告的吸引力。

③销售效果测试。销售效果测试是一种试验分析方法,即以某地区过去的销售额作为比较对象,对该地区投放广告,经过一段时间后对该地区的销售额进行统计,然后通过比较销售额的变化和广告费用的投入,来测试广告效果。该方法实施时间较长,不能很快得出测试结果,但测试结果较为准确,一般只用于预算金额大、决策难的广告效果评价。

案例:汽车广告策略的应用

汽车广告促销活动策划大纲

一、广告目标

二、广告时间

1. 在各目标市场的开始时间

2. 广告活动的结束时间

3. 广告活动的持续时间

三、广告的目标市场

四、广告的诉求对象

五、广告的诉求重点

六、广告表现

1. 广告的主题

2. 广告的创意

3. 各媒介的广告表现

(1) 平面设计;

(2) 文案;

(3) 电视广告分镜头脚本。

4. 各媒介广告的规格

5. 各媒介广告的制作要求

七、广告发布计划

1. 广告发布的媒介

2. 广告媒介发布安排表

八、广告费用预算

1. 广告的策划创意费用

2. 广告设计费用

3. 广告制作费用

4. 广告媒介费用

5. 其他活动所需要的费用

6. 机动费用

7. 费用总额

九、广告效果预测和监控

四 人员推销策略

人员推销一般应用于消费者相对集中的市场。对于汽车产品来说,因其技术含量较高、价格较贵,需要销售顾问讲解以坚定顾客购买信心,所以较适合此方法。

1 人员推销的基本形式

(1)展厅推销。

目前,我国汽车企业销售活动的开展大多采用专营店的模式,即在适当地点设置固定的店面,由销售顾问接待进入门店的顾客,销售产品。展厅推销是小型客车销售的主要形式。

(2)会议推销。

每年国内外有众多的订货会、交易会和展览会,各汽车企业带领其品牌产品在会议上进行展销,同时,销售人员利用会议之便向参观顾客宣传和介绍产品,销售产品。

案例:汽车展览会

国内主要车展介绍

一、北京国际汽车展览会

简称"北京车展",自1990年创办以来,每逢双数年举行,至今已连续成功举办了15届,是具有广泛国际影响力的汽车大展,是国际汽车业界的汽车展示、发布及贸易平台之一。

2018(第十五届)北京国际汽车展览会于2018年4月27日-5月4日在北京中国国际展览中心新馆和中国国际展览中心老馆同时举行。本届北京车展的主题为"定义汽车新生活",车展聚焦智能化、网联化、电动化的融合发展,展示新能源、人工智能、移动互联等新技术所带来的行业变革,描绘出人们对新出行方式和汽车新生活的美好愿景。本届北京车展总展出面积达到22万平方米,共吸引了来自全球14个国家和地区的1200多家参展商。展会共展示车辆1022辆、全球首发车105辆(其中跨国公司全球首发车16辆,跨国公司亚洲首发车30辆)、概念车64辆、新能源车174辆(其中中国车企新能源车124辆),新老两个展区共吸引观众82万人次。在展出品牌和展车数量、展车品质、观众人数等关键性指标上继续保持全球车展领先水平。

二、广州国际汽车展览会

简称"广州车展",创办于2003年,是国内规模最大、品质最高的综合性专业汽车展览会之一。

2017(第十五届)广州国际汽车展览会于2017年11月17日-11月26日在中国进出口商品交易会展馆(琶洲馆)举行。历时十天的展会共吸引到观众67万人次。本届广州汽车展秉承"新科技·新生活"的主题理念,聚焦电动化、智能化、网联化的融合发展,展望由电驱动、人工智能和移动互联等新科技所导致的出行方式持续变革的新时代,并且展现出在新的科技变革时代人类对未来车生活的美好愿景。本届广州汽车展总规模达22万平方米,全球首发车47台,跨国公司首发车7台;概念车25台,其中国际品牌展出16台,国内品牌展出9台;展车总数达1081台。媒体日当天共举行了71场新闻发布会,2432家海内外媒体的9747名记者参与报道了展会盛况。广州汽车展作为大型综合性国际汽车展览会,吸引了全球车企的目光。

三、上海国际汽车展览会

简称"上海车展",创办于1985年,是中国最早的专业国际汽车展览会,是亚洲最大规模的车展,逢单数年举办。2004年6月,上海国际汽车展顺利通过了国际博览联盟(UFI)的认证,成为中国第一个被UFI认可的汽车展。

2017(第十七届)上海国际汽车展览会于2017年4月21日–4月28日在国家会展中心(上海)举行。本届上海车展吸引了18个国家和地区1000余家中外汽车展商参展;展出总面积超过36万平方米;展出整车1400辆,其中全球首发车113辆(外国公司30辆、中国公司83辆),外国公司亚洲首发车44辆,新能源车159辆(国内厂商96辆、国外厂商63辆),概念车56辆。4月19日、20日两天媒体日,各大汽车厂商举行120场新闻发布会。来自48个国家和地区2035家中外媒体11000余名记者竞相报道了车展盛况。本届车展共吸引参观者101万人次,4月22日、23日两天双休日,共接待观众35.8万人次。伴随着中国汽车工业与国际汽车工业的发展,经过20多年的积累,上海国际汽车展已成长为中国最权威、国际上最具影响力的汽车大展之一。

(3)上门推销。

上门推销即汽车销售人员携带汽车产品说明书、广告传单和订单,走访顾客,销售产品。该推销形式多见于市场集中的产品销售,例如,针对集团用户的推销。

2 人员推销策略的开展

人员推销策略开展的流程见图1-5-8。

图1-5-8 人员推销策略的开展流程

(1)新客户开发策略。

新客户开发是指寻找新客户,新客户指有购买能力、决策权和购买需求的消费者,概括为MAN(Money、Authority、Need)。常用的新客户开发策略有以下三种。

①坐等上门策略。该策略多用于专营店销售模式,销售顾问在店等候顾客上门,来店顾客基本满足MAN,所以销售顾问只需要认真接待即可。

②连锁介绍策略。该策略需要依靠关键人物完成,关键人物指有顾客源的熟人。例如,已购买车辆用户或非销售岗位同事,前者已购买车辆说明对本品牌车辆和销售顾问均认可,可依靠其介绍朋友购买;后者同样会接触到欲购买车辆用户,但其非销售岗位,可依靠其介

绍顾客购买。

③顾客档案查询策略。该策略是以建立顾客档案为前提完成的。车辆的潜在用户大多不会在第一次到店就进行购买行为,所以销售顾问可以对其建立顾客档案,记录其欲购买信息,过一段时间对档案中购买可能性较大的顾客进行电话拜访,引导再次到店咨询。

(2)接近客户策略。

开发新客户是第一步,接下来接近客户时务必获得客户好感,建立信任,才能进而对产品推销成功。常用的接近客户策略有以下三种。

①客户资料准备。除了第一次接待的客户外,在接近其他客户时都需要准备客户资料,一般包括:年龄、职业、家庭人口、爱好、购车用途等。准备客户资料是为了成功接近客户、开展话术。

②产品资料准备。汽车是高价、高技术含量产品,为了使顾客更加清楚了解产品信息、信任产品,在接近客户时必须准备好产品资料,一般包括:款型、生产厂家、车辆特点、技术配置、适用人群、产品历史与适用现状等。

③自我状况准备。人员推销的最大特点就是销售顾问和顾客直接面对面交谈,销售顾问的个人状况是否良好,从感官到谈吐是否可取得顾客信任是至关重要的。所以,在接近客户时必须做好自我状况准备,一般包括:仪态、衣着、名片、车型资料等。

(3)异议处理策略。

顾客在决定购买汽车之前,或多或少会对销售顾问、车辆信息、付款信息等产生异议,销售顾问要达成销售就必须对顾客的异议进行满意处理。常用的异议处理策略有以下三种。

①接受顾客的异议。不论顾客的异议是否真实,由于顾客已是不满状态,销售顾问要对顾客提出的异议表示接受,切忌置之不理,在接受异议时可把握程度。例如,顾客说:你们车的空间太小了。销售顾回答:您说的是,我们车的空间是有点小。既肯定了顾客的说法,又留有余地。

②用语表情周到。尽管顾客提出异议时可能言语、表情不是很友善,但是销售人员还是要保持微笑礼貌服务,切忌有顶撞言语,使顾客的怒气不再扩张。

③合理解决异议。对于顾客提出的异议,最重要的还是给出一个合理解释。所以销售顾问应从专业的角度出发,对异议给出简洁、扼要的解释,帮顾客解惑。

(4)促进成交策略。

在解决完顾客的所有异议后,尽管顾客对汽车已经满意了,但是要让顾客主动提出购买决议是比较难的,因为汽车是个大件商品且价格昂贵。所以,此时就需要销售顾问采取主动引导,帮助顾客下决心购买。常用的异议处理策略有以下三种。

①小点促成策略。顾客可能下决定购买比较难,但是针对一些小项目下决心是比较容易的,销售顾问可以就这些小项目向顾客提问。例如,销售顾问可以问如下问题:"先生,您是要标配还是豪配?先生,您想要什么颜色?先生,您今天提车吗?先生,您是一次性付清还是分期付?刷卡还是现金呢?"如果顾客对以上问题一一作答,基本上就可以成交了。

②请求成交策略。该策略指销售顾问适时向顾客主动提出成交要求的一种方法。当顾

客既没有异议也没有明确购买意图时,或者当顾客心里已决定购买但迟迟不开口时,销售顾问可以在看准时机的情况下,态度坦诚地向顾客提出成交建议。

③归纳总结策略。当顾客已经对产品比较满意,销售顾问也已帮顾客解答完毕所有异议后,销售顾问可以对顾客感兴趣的销售重点作归纳总结,并对有可能很好满足顾客潜在需要的某些推销要点予以重复和强调,提醒顾客产品非常适合其需求,该是做购买决定的时候了。

五 营业推广策略

营业推广策略指在某段时间内汽车企业为了促销目标而开展的短期促销活动。汽车企业营业推广策略主要适用于两部分群体:消费者和经销商。针对消费者和经销商的具体策略见图1-5-9。

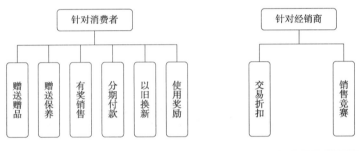

图1-5-9 营业推广策略细分

1 针对消费者的营业推广策略

针对消费者的营业推广策略种类较多,也是目前汽车企业应用广泛、促销效果明显的一种促销方式。每逢"五一""十一"、年底、企业开业或周年庆,都会开展以促进汽车销售为目的的营业推广活动,主要策略如下。

(1)赠送赠品策略。该策略使用普遍,赠品种类较多,一般包括:脚垫、车载工具盒、太阳膜、加油卡等。

(2)赠送维护策略。该策略是赠送赠品策略的一种演变,维护是另一种赠品形式,一般以会员卡或维护次数的形式送出。

(3)有奖销售策略。该策略规定在某段时间内,购买车辆的用户有机会抽取奖品,吸引顾客购买。奖品可能是物品、旅游项目或汽车使用权等形式。

 案例:汽车有奖销售举例

关于开展"填汽车调查问卷,获汽车销售大奖"活动的通知

本店拟开展"填汽车调查问卷,获汽车销售大奖"活动,活动期间内,凡购买我店任意一

款车型的车主,只要填写有效汽车调查问卷,即有机会获得汽车销售大奖。

活动时间:2018年6月15日——2018年7月15日

活动地点:一汽大众××4S店

奖项设置:

特等奖:三名　价值6780元港澳双人四天三夜游(不允许变现)

一等奖:三名　品牌手表

二等奖:一名　全车脚垫

三等奖:五名　车内精品

纪念奖:若干名

注:本次活动最终解释权归一汽大众××4S店所有。

(4)分期付款策略。该策略通过分期付款的方式帮助顾客解决不能一次性付清车款的问题,吸引顾客购买。

(5)以旧换新策略。该策略也是针对本品牌某型号汽车车主开展的,对于使用年限在某规定年限以上的车辆进行旧车折现加差额换新车的活动,是一种回馈老客户的营业推广策略。

(6)使用奖励策略。该策略是针对本品牌某型号汽车车主开展的,对于使用车辆在某规定年限以上,车辆使用性能优良、事故率低的车主进行奖励,是一种吸引新客户、回馈老客户的营业推广策略。

案例:汽车以旧换新举例

上汽通用别克以旧换新三款车型优惠活动

上汽通用别克××4S店现开展以旧换新活动。即日起至9月30日,全系品牌全系车型来店置换新车均可享受"置换补贴+置换礼品",机不可失。

1. 昂科拉18T自动两驱都市精英型

售价169900元。凡购买此车型客户可自行"确定"车价的千位数和百位数。此活动免费升级大包围(10款金属前后护杠+左右侧踏板)。

2. 凯越15N CVT豪华型

售价99900元。参加活动赠送装具6件套。

3. 君威GS 28T尊贵型

直降28000元。参加活动赠送装具12件套。

2　针对经销商的营业推广策略

(1)交易折扣策略。该策略规定对于某时间段达到规定销售量的经销商给予一定的价格折扣,一般销售量越大,价格折扣越高。该策略对经销商的激励效果明显,各汽车企业使用较普遍。

（2）销售竞赛策略。该策略有两种形式,一种形式是按月或按年,对品牌下所有经销商的销售量进行统计比较,对于销售量排名前列的经销商给予奖励,排名倒数的经销商进行惩罚。另一种形式是每年举行一次全国范围内的销售技能竞赛,由品牌下所有经销商派代表参加,竞赛销售技能,对于成绩优异的代表和经销商给予奖励。该策略对经销商的激励效果亦比较明显,目前已成为各一线汽车品牌的年度活动。

案例:汽车营业推广策略的应用

汽车营业推广活动策划大纲

一、营业推广目标

二、营业推广对象

三、营业推广策略

四、营业推广时间

五、营业推广具体内容安排

六、营业推广预算

七、追踪控制

八、效果评价

六 公共关系策略

公共关系策略就是企业通过对周边生产经营环境进行沟通和协调,营造利于公司的生产经营活动环境的组织或个人的行为。它的协调职能属于管理范畴。其目标就是营造企业的内外部良好的经营生态环境,其对象是那些掌握资源的特定人(群),并通过对目标人群进行宣传、沟通和协调,以争取目标人群对自身的认可和支持。

公共关系策略主要承担四项任务:与新闻界联系、对商品进行公共宣传、与相关企业进行信息沟通,以及接受社会公众建议和咨询。汽车企业完成四项任务通常采用的公共关系策略主要有以下几种。

1 抓住轰动事件策略

轰动事件指事件的程度和结果超出了人们的一般想象,并且对现实的社会生活和人们的心理产生极大震撼的事件。

2 依靠名人效应策略

名人效应指那些有相当知名度的人士,由于拥有众多的追随者、崇拜者和已存在的声誉,从而能对社会生活和公众产生影响效力。

3 借助全民活动策略

全民活动指在一个城市、一个地区、一个国家,甚至全世界范围内开展的活动,在同一时期或同一时刻为着一个共同的目标去执行和完成同一个内容的、有全体社会成员参加的活动。

4 参与争议之辩策略

争议之辩指某些特定的人与事由于处在善恶的两难判断之中,使社会道德评价出现不一致,从而引起社会成员各执一词的舆论争议中。

由于争议之题往往会成为社会舆论生活中的焦点和热点,因此参与争议之辩不仅可以向社会公众有效地表达本企业的价值观,而且可以在争辩活动中扩大企业的知名度,反映出企业对社会的责任心。

5 跃入流行之潮策略

流行的出现是选择营销公关的最好时机之一。流行的发生往往使整个社会在短时间内到处可见某一种行为方式和消费方式,从而可以利用其集中性和爆发性的特点,来提高营销公关的宣传效果和宣传强度。

6 借托热点人物策略

热点人物指那些有重大新闻价值事件中的主角人物。由于他们为新闻舆论界所追踪,为社会公众所议论,因此,是选择营销公关活动的一个有利时机之一。

7 追踪体育比赛策略

该策略又称体育营销策略,是指以体育比赛为载体而进行的汽车产品的推广和品牌传播等营销现象。比如我们在世界杯中所看到的赞助商的一切活动和身影,以及它们产品、品牌的巧妙展示等。现代体育比赛是营销公关活动最理想的舞台,尤其是世界性的体育比赛,由于它的内涵早已超越了单纯的竞技比赛的范围而升华为一种人类文化的表达和共享。因此,它所包容的观众,是世界上任何活动项目都不能比拟的。

案例一:汽车体育营销的分类

汽车体育营销是体验营销的主要方式,汽车企业主要通过四种方式来介入体验赛事之中。第一是直接参与汽车赛事,比如达喀尔汽车拉力赛或者国内外各种拉力赛、越野比赛等;第二是冠名赞助大型的体育赛事,例如大众汽车赞助了2008年的北京奥运会、现代汽车赞助世界杯等;第三是与媒体合作,购买赛事转播权或者是在赛事期间插播广告;第四是汽车公司自己组织各种比赛,例如漂移比赛、高尔夫、棒球比赛,并邀请车主或者著名运动员参与。

案例二:汽车企业体育营销活动举例

一、现代

现代汽车自 1994 年起成为国际足联的官方合作伙伴开始了企业的足球之路。在 2002 年韩日世界杯,现代汽车已成为世界杯唯一指定汽车类合作伙伴,并一举包揽了 2022 年前 FIFA 所有相关足球赛事汽车赞助权。

除足球营销外,现代汽车还积极参与众多赛事。继 2004 年雅典奥运会、2004 年葡萄牙欧锦赛、CTCC 中国房车锦标赛、中国斯诺克公开赛后,现代汽车先后成为 2011 年亚欧全明星乒乓球对抗赛的官方合作伙伴、指定用车品牌和 2011 年花样滑冰世锦赛的官方赞助商,以及 2014 年仁川亚运会官方唯一汽车赞助商,同时,至 2016 年,北京现代已经连续 6 年冠名赞助北京马拉松赛事。

二、大众斯柯达

上海大众斯柯达品牌进入中国,秉承了品牌与自行车的百年渊源,在 2007 年成为"中国国家自行车队主赞助商"和"中国自行车运动协会战略合作伙伴",并连续多年为亚洲顶级的"环青海湖国际公路自行车赛"提供赞助。通过自行车运动这个平台,自然地把科技、人文、环保、速度与斯柯达"睿智、魅力、奉献"的品牌理念融为一体,迅速扩大了品牌的知名度和美誉度。斯柯达品牌对体育赛事有很好的坚持,世界冰球锦标赛于 2018 年 5 月 4 日至 20 日在丹麦举行,斯柯达连续 26 年成为这项国际赛事的主赞助商。

三、东风悦达·起亚

东风悦达·起亚在"体育营销"道路上,以实际行动不断诠释着"激情超越梦想"的品牌精神,逐步塑造并拥有了企业独特的品牌文化和品牌感染力,得到了社会各界的广泛关注和支持认可。

(1)足球。东风悦达·起亚一直致力于支持和发展足球事业。足球运动的激情与魅力与东风悦达·起亚的品牌理念不谋而合。企业积极赞助各项足球赛事,例如,2018 年俄罗斯世界杯,并且成为中国足球协会官方合作伙伴。

除此之外,企业还建立了自己的足球品牌活动。一年一度的东风悦达·起亚杯企业五人制足球赛是为足球爱好者搭建的享受运动,以球会友的平台。在比赛期间每进一粒球,东风悦达·起亚将捐赠 10 元用于公益事业。东风悦达·起亚希望赛事所得善款能够帮助更多的社会弱势群体,在企业自身发展的同时,不忘履行一个企业公民的社会责任。2018 年,东风悦达·起亚冠名赞助济南首届青少年足球联赛暨济南首届媒体亲子足球嘉年华活动。

(2)赛车。东风悦达·起亚车队拥有性能卓越的赛车、团结高效的团队,在各项赛车比赛中取得了傲人的成绩和坚定的体育精神。

①2017 年,中国房车锦标赛(CTCC),东风悦达·起亚车队累计获得五座分站赛厂商杯冠军和五座分站赛车手杯冠军。

②2016年,中国房车锦标赛(CTCC),东风悦达·起亚车队卫冕年度厂商杯冠军。

③2015年,中国房车锦标赛(CTCC),东风悦达·起亚车队获得超级量产组的厂商杯总冠军。

(3)篮球。东风悦达·起亚鼎立赞助各项篮球赛事。

①东风悦达·起亚七度赞助斯坦科维奇杯洲际篮球赛。

②东风悦达·起亚赞助第25届亚洲男子篮球锦标赛竞猜活动。

③东风悦达·起亚成为FIBA钻石杯篮球赛主赞助商。

(4)网球。东风悦达·起亚积极开展参与性强、影响力广泛的体育营销活动。

针对全世界的业余网球选手,起亚汽车在当地举办"起亚汽车业余澳大利亚网球公开赛"并邀请全世界的起亚经销商和忠实客户前来观看比赛。

(5)其他体育赛事。

①东风悦达·起亚嘉华携手高尔夫名人邀请赛。

②东风悦达·起亚赞助"SRIXON 杯"高尔夫邀请赛。

③起亚汽车冠名赞助 X – Games 亚洲极限运动锦标赛。

④东风悦达·起亚全情赞助中美拳王争霸赛。

案例三:汽车公共关系策略的应用

汽车公共关系活动策划大纲

一、公关活动目标

二、公关活动对象

三、公关活动媒介

四、公关活动方式

五、公关活动时间

六、公关活动具体内容安排

七、公关活动预算

八、公共关系成效评估

七 汽车促销组合策略

促销组合策略指根据企业现状和某一时段的促销目的对各种促销方式进行组合,可能是几种促销方式的同时并用。

案例:汽车促销组合选择举例

汽车企业选择促销组合,一般会考虑三方面因素:汽车产品所处的生命周期阶段、促销预算及汽车产品所对应的目标市场类型。常见的促销组合见表1-5-2～表1-5-4。

不同产品生命周期阶段的汽车促销组合　　　　　　　　　　　　表1-5-2

生命周期	促销组合	
	最优组合	次优组合
导入期	广告 + 营业推广	广告 + 人员推销
成长期	广告 + 公共关系	广告 + 人员推销
成熟期	营业推广 + 人员推销	营业推广 + 广告
衰退期	营业推广 + 人员推销	营业推广 + 公共关系

不同促销预算的汽车促销组合　　　　　　　　　　　　　　　　表1-5-3

预算	促销组合	
	最优组合	次优组合
费用充足	广告 + 营业推广	广告 + 人员推销
费用紧张	人员推销 + 营业推广	人员推销 + 广告

不同市场类型的汽车促销组合　　　　　　　　　　　　　　　　表1-5-4

市场类型	促销组合	
	最优组合	次优组合
市场集中	人员推销 + 营业推广	人员推销 + 广告
市场分散	广告 + 营业推广	广告 + 人员推销

任 务 书

汽车品牌_____ 汽车型号_____ 小组编号_____
小组成员_____

一、以小组车型为广告对象,编写一则广告文案。

二、分析小组车型所处产品生命周期阶段及目标市场类型,不考虑促销预算,试选择最适合的促销组合,并说明原因。

三、根据本章内容,对小组第二章任务书"汽车营销策划大纲"进行修改。

第六章　汽车营销策划方案设计

学习目标

本章旨在通过汽车营销策划方案设计相关内容的学习,使学生了解汽车营销策划的概念和汽车营销策划方案的内容,掌握汽车营销策划方案的设计步骤和技巧,并能完成汽车营销策划方案的编写。

任务描述

本章共三项任务:
(1)掌握汽车营销策划方案的设计步骤和技巧;
(2)编写汽车营销策划书大纲;
(3)编写汽车营销策划方案。

学习引导

本章学习可以采用以下顺序:

| 引出任务 | → | 分小组(5~6人/组)、选定车型 | → | 学习相关内容 | → | 完成任务书 |

第一节　汽车营销策划的概念和内容

一、汽车营销策划的概念

营销策划指企业在经营方针、经营目标的指导下,通过对企业内部经营环境的分析,找出市场机会,选择营销渠道和促销手段,经过精心构思设计将产品推向目标市场,以达到占有市场的目标的过程。

汽车营销策划的本质在于：经过对竞争对手营销策划的分析，做出有别于竞争对手的方案，出奇制胜，进而指导企业汽车销售活动来创名牌、创效益。

二 汽车营销策划方案的内容

汽车营销策划方案的内容及编制流程见图 1-6-1。

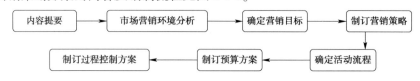

图 1-6-1 汽车营销策划方案编制流程

1 内容提要

解释营销策划方案的主要内容，对营销目标、营销策略作简要叙述，使高层主管很快掌握营销策划方案的核心内容。

2 市场营销环境分析

分析该产品目前所处的市场营销环境状况，明确产品面向的细分市场情况、产品的销售情况、竞争对手的数量和竞争优势、劣势及分销渠道情况，列出本产品的优势、劣势、机会和威胁。在制订营销计划时充分利用外界机会环境，避免外界威胁环境，充分发挥产品的优势，改进产品劣势，使营销计划最大限度地完成营销目标。

3 确定营销目标

营销目标指本计划期内要达到的各项目标，常见的营销目标包括：目标车型、目标客户、集客目标、销售目标、活动主题和活动类型。

4 制订营销策略

营销策略指达到上述营销目标的途径或手段。常见的营销策略指营销组合策略（4P 策略）。

5 确定活动流程

确定活动流程即确定本次营销活动开展的形式、活动时间、活动地点、活动负责人。

6 制订预算方案

任何营销活动的开展都要以预算为支撑，汽车营销策划活动的预算大致包括五大项：人员费、物料费、促销费、广告费和餐饮费，可根据活动具体实施情况编制预算方案。预算方案可对后期的计划执行过程进行资金控制。

预算方案大致估算各阶段需要经费金额,并且大致估算企业在该计划期内是否可达到预期销售额,据此对比调整预算金额。预算表常见格式见表1-6-1。

预 算 表　　　　　　　　　　　　　　表1-6-1

项　目	数　量	单价(人民币;万元)	金额(人民币;万元)
市场调查费			
宣传费			
促销活动费			
公关费用			
礼品费			
机动费			
其他			
合计			

7　制订过程控制方案

过程控制方案是营销计划的最后一项内容,也是必备内容。其可对计划执行过程中的目标实现和预算花费进行监督检查,并且对突发事件进行预备方案处理。

第二节　汽车营销策划大纲

汽车营销策划是汽车企业对将来要发生的营销行为进行的超前决策。汽车营销策划大纲是汽车营销策划方案的框架,列出了汽车营销策划方案的主体内容,以便汽车营销策划方案的编写。

汽车营销策划大纲包括以下的内容。

1　汽车市场营销现状调查

(1)市场状况调查分析;
(2)竞争状况调查分析;
(3)购车者调查分析;
(4)企业资源能力分析。

2　内外部环境分析(使用SWOT环境分析法)

(1)产品优势;
(2)产品劣势;
(3)环境机会;

(4)环境威胁。

3 确定营销目标

(1)目标车型;
(2)目标客户;
(3)集客目标;
(4)销售目标。

4 确定营销组合策略

(1)产品策略:品牌,车型;
(2)价格策略:价格,折扣,金融政策;
(3)渠道策略:渠道,销售网点;
(4)促销策略:广告,人员促销,营业推广,公共关系。

5 制订具体的行动计划

(1)活动主题和活动类型;
(2)活动对象;
(3)时间安排;
(4)地点安排;
(5)活动流程。活动流程包括两大项流程,第一,前期预热流程,包括广告宣传流程、活动准备流程等;第二,活动当日流程,包括具体时间安排、具体活动项目、责任人等。

6 制订预算方案

参见本章第一节中"6.制订预算方案"内容。

7 对执行的效果进行评估

(1)预定增加销售台数;
(2)预定投入广告费用;
(3)每部车因促销所增加的支出;
(4)每部车因促销所增加的利润;
(5)附加价值:收集潜在顾客名单。

第三节 汽车营销策划技巧和方法

随着我国汽车市场竞争越来越激烈、客户购车越来越理智,各汽车品牌厂家和经销商纷纷加大营销活动开展的力度和密度,以此来吸引消费者。在此大环境下,策划出对客户有吸引力的、企业和客户双赢的、有别于其他厂家和经销商的汽车营销活动是各品牌厂家和经销商市场人员需要着重思考的问题。因此,汽车企业在策划汽车营销活动时需要运用到一些技巧和方法。

一 营销活动策划时机的选择

在什么时间举办营销活动效果比较好,是每家汽车企业首先考虑的问题。分析当前我国汽车市场的环境,发现汽车企业常用的营销活动策划时机主要围绕着汽车产品和节假日,总结如下。

1 与产品相关的营销活动策划时机

(1)新产品上市时;
(2)超期库存车促销时;
(3)竞争产品降价或促销时;
(4)车型销量庆典时。

2 与节假日相关的营销活动策划时机

(1)法定节日时;
(2)公司店庆时;
(3)季节转换时;
(4)非法定假日时。

3 其他营销活动策划时机

(1)提高客户忠诚度时;
(2)二手车置换时;
(3)销售淡季时;
(4)公益活动开展时;
(5)配合主机厂活动时;
(6)销售政策改变时。

从列举的常用汽车营销活动策划的时机,发现几乎所有的时间都可以用来策划汽车营销活动。举办各种营销活动是在当前汽车市场环境下的各品牌汽车企业的一个常态。

二 成功促销活动的指标

各个品牌汽车企业策划各种营销活动,有的活动效果很理想,实现了企业和客户的双赢,有的活动效果差强人意,企业并没有达到预期的营销效果。因此,汽车企业在策划营销活动时必须清楚成功的促销活动的特点,提炼出以下六项指标。

(1)活动可以增加顾客满意度;

(2)活动可以提升团队执行力及活动力;

(3)活动可以促进顾客关系;

(4)活动可以增加潜在客户;

(5)活动可以提升品牌及经销商知名度;

(6)活动可以增加销量。

三 具体行动计划的主要内容

当一个汽车营销策划大纲制订好之后,就需要将每一项内容落实、具体化。其中,大纲第五项"制订具体的行动计划"中涉及的广告宣传流程和活动准备流程尤其重要,决定着活动当日是否可以顺利开展活动。现将广告宣传流程和活动准备流程的主要内容进行说明。

1 广告宣传流程的主要内容

(1)广告媒体的选择;

(2)广告时间的确定。

建议汽车市场营销活动的广告时间要有一定的提前量,小型的店面活动一般在活动日前的5~7天开始投放广告,对本次活动起到提前宣传和预热的作用。同时,广告时间也要涵盖整个营销活动期,最好延续到活动结束后3天,对活动起到一个连续宣传和报道的作用。可以根据不同广告媒体的特点,设定不同的广告时间。

2 活动准备流程的主要内容

(1)场地布置。开展不同形式的汽车营销活动对场地的要求是不同的,场地可以是4S店展厅、展览馆、户外试乘试驾场地、广场等。展厅是各品牌经销商使用最多的营销活动场地,展厅的布置主要包括以下四项。

①确定各个展车的摆放位置。展车在摆放时要注意凸显主题车辆,可以分区摆放,达到最佳的展示和促销效果。

②确定参观路线。客户活动当日到达展厅,需要参加一系列活动,可以对参与活动的各个职能部门的位置进行科学规划,确定出客户方便的参观路线。

③设置接待区。活动当日到店的客户较多,务必让每一位到访的客户有宾至如归的感觉。可以设置接待区,有专人接待,可以设置送到店礼、签名、抽奖、拍照或提供餐饮等接待环节来强化客户的受重视程度和满意度。

④设置商谈区。企业举办活动最终还是要进入洽谈环节,期待最终的成交,因此,商谈区很重要。汽车企业可以设置相对私密的空间进行单个客户的洽谈,可以是小圆桌围坐,或者独

立的洽谈室。

(2)物料准备。为了确保活动的顺利开展,活动当日所需的所有物料都必须提前准备好。汽车经销店常用的营销活动物料列举如下。

①展厅外部物料:气球、大型广告布条、竖旗、户外广告、车身广告、停车场引导。

②展厅内部物料:指示牌、海报、万国旗、人员服装、DM、礼品。

(3)厂商邀约。汽车营销活动可以是汽车经销商单方举办的活动,也可以邀请其他厂商共同参加,汽车营销活动可以邀请的厂商有五大类:保险公司、银行、配件供应商、服务站和媒体。

(4)客户邀约。汽车营销活动要取得好的营销效果,理想的客户到店量是一大前提。客户到店量可以从两方面提高,一方面是通过广告宣传吸引新客户;另一方面,也是最主要的方面,就是邀约留档客户进一步到店。客户邀约的方式有六种:拜访、邀请函、电话、传真、短信(微信)、电子邮件。

任 务 书

汽车品牌_____ 汽车型号_____ 小组编号_____

小组成员_____

一、活动主题。

二、活动类型。

三、活动车型。

四、活动时间。

五、活动地点。

六、活动对象。

七、集客目标。

八、销售目标。

九、营销组合策略。

1. 价格策略：
2. 渠道策略：
3. 促销策略：

十、广告宣传流程。

十一、物料准备。

十二、预算。

十三、展厅布置图。

页面不够可加页，整理成一个完整的汽车营销策划方案。

第二篇 汽车销售技巧

◇ **学习目标**

本篇内容旨在通过学习汽车消费者消费心理和行为的基础知识,并在此基础上,系统地学习汽车销售技巧相关内容,使学生熟练掌握汽车销售各个环节的流程和客户服务标准,并具备一定的汽车销售技能。

◇ **教师任务**

讲授汽车销售基础知识、汽车销售各个环节的流程及客户服务标准,指导学生完成学习任务,并对学生学习效果进行评价。

◇ **学生任务**

学生以5~6人分为一组,每组选取一款车型,并以所选车型为作业对象,完成(1)任务,组内成员按分工完成本篇第一章任务:

(1)掌握汽车消费者消费心理及消费行为分析方法,对某一车型的消费者消费心理及消费行为进行调研分析。

学生以2人分为一组,每组选取一款车型,并以所选车型为作业对象,完成任务(2)~(8)。小组成员组内分工、分角色进行本篇第二章至第八章任务:

(2)接待客户;
(3)分析客户需求,向客户推荐车型;
(4)为客户进行车辆展示与介绍;
(5)为客户做试乘试驾;
(6)准确报价,解决各种客户异议,促使客户成交;
(7)为客户递交新车;
(8)售后跟踪。

以上任务均采取情景模拟方式进行,潜在客户(或模拟客户)在特定情境下来访,学生作为销售人员角色按汽车销售流程要求完成任务。

第一章 汽车消费者消费心理和行为

 学习目标

本章旨在通过学习汽车消费者消费心理和行为的相关内容,使学生能初步分析汽车消费者购买行为,在销售中引导汽车消费者购买决策。

 任务描述

本章共三项任务:
(1)掌握潜在客户购买行为类型的分析方法;
(2)掌握潜在客户需求动机类型的分析方法;
(3)掌握潜在客户购买特点的分析方法。

 学习引导

本章学习可以采用以下顺序:

| 引出任务 | → | 分小组(5~6人/组)、选定车型 | → | 选定区域 | → | 学习相关内容 |

→ 完成任务书

第一节 汽车消费者购买行为

汽车消费者为了个人生活消费需要而购买汽车和服务的全部。汽车企业为消费者服务并实现其营销的目的的过程,就是最终实现汽车价值和使用价值的过程。因此对汽车消费者购买行为的分析是对整个汽车市场研究的基础。

一 汽车消费者消费需求特点

1 收缩性

一方面,由于汽车属于耐用消费品,消费者消费需求具有较强的需求价格弹性,即价格的变动对汽车的个人需求影响很大。

另一方面,这种需求的结构是可变的,当客观条件限制了这种需求的实现时,它可以被抑制,或被转化为其他需求,或最终被放弃;反之,当条件允许时,个人消费需求不仅会得以实现,甚至会发展成为流行性消费。

2 复杂性

消费者出于个人收入水平、文化程度、年龄、职业、兴趣、爱好等方面的差异,势必形成不同的消费需要,从而表现出多层次性或多样性。如20世纪90年代中期,人们误认为我国的"家用轿车"应当是某种经济实用型的,而实际上从高档轿车到微型轿车都有各自的消费者。因此,汽车生产企业应该仔细了解本企业目标消费者的特点,针对消费者需求的复杂性不断地开发出新产品,以满足不同消费者的不同需求。

3 可诱导性

一方面,消费者的汽车需求可以通过诱导甚至创造,使之成为现实的消费。如通过20多年不间断的广告宣传,不了解家庭轿车的中国消费者已经接受了将私家车作为人生价值判断的一项标准。因此,企业应注意引导、调节和培养某些被细分后的个人购买市场,强化"告知促销"手段的应用,提高企业的市场占有率。

另一方面,大多数消费者购买汽车商品时都缺乏汽车方面专门知识,属于非专业性购买,很难判断各种汽车产品的质量优劣或质价是否相当,往往会受到周围环境、消费风气、人际关系、宣传等因素的影响,对某种特定的车型产生较为强烈的需求。因此,企业必须十分注意广告及其他促销工作,努力创名牌,建立良好的商誉,这都有助于产品销路的扩大,有助于市场竞争地位的巩固。同时,也要坚决反对利用消费者市场非专业购买这一特点欺骗顾客,坑害消费者的行为。

4 替代性

消费者市场购买者众多,市场分散,成交次数频繁,单笔交易数量不多。消费者在购买汽车产品时,往往会跑多家商店去比较其品质、价格和式样,特别重视售后维修服务和日常养护成本。只有那些对个人购买者吸引力强、引起的需求强度高的汽车产品才会导致消费者的最终购买。也就是说,同时能够满足消费者需要的不同品牌之间具有竞争性,需求表现出相互替代的特性。

5 发展性

个人购买需求一般从简单到复杂、由低级向高级发展。在现代社会中,各类消费方式、消费观念、消费结构的变化总是与需求的发展性和时代性息息相关的。汽车产品个人购买需求的发展也会永无止境,如在不过分增加购买负担的前提下,消费者对汽车的安全、节能和环保等性能的要求总是越来越高。

6 集中性和广泛性

由于汽车消费与个人经济实力关系密切,在特定时期内,经济发达地区的消费者或者收入相对较高的社会阶层,对汽车的消费比较明显,需求表现出一定的集中性。但是,高收入者任何地方都有,而且随着经济发展会不断增多,所以需求又具有地理上的广泛性。

二、汽车消费者购买行为的模式

汽车消费者购买行为指消费者为了满足自身的需求,在寻求购买、使用和评估汽车产品及相关服务时所表现的行为。消费者购买行为必然要受到个人的心理活动支配,研究消费者购买行为的理论中最具代表的是刺激——反应模式,见图2-1-1。

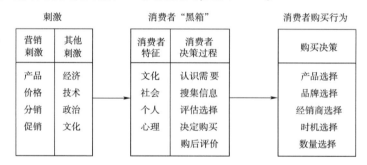

图2-1-1 消费者购买行为模式

在上述模式中,刺激包括营销刺激和其他刺激。营销刺激指汽车企业营销活动的各种可控因素,即产品、价格、分销和促销。其他刺激指汽车企业营销活动的各种不可控因素,即经济、技术、政治、文化等。所有的刺激通过消费者"黑箱"产生反应,从而形成一系列可以观察到的购买行为,即对汽车产品、品牌、经销商、时机、数量等方面的选择。

消费者"黑箱"指消费者在受到外部刺激后所进入的心理活动过程,由于它对企业来说是一种看不见、摸不着、不透明的东西,故称之为"黑箱"。消费者"黑箱"可分成两部分:一是消费者特征,这些特征通常受到文化、社会、个人、心理等因素的影响,会影响消费者对刺激的理解和反应;二是消费者的决策过程,会影响消费者最后的行为结构的状态。消费者购买行为模式表明,尽管消费者的购买心理是复杂的、难以捉摸的,但由于这种神秘莫测的心理作用可由其反应看出来。因此,汽车营销人员对消费者购买行为的分析和研究,最重要的是对消费者"黑箱"中发生的情况的分析和研究,以便安排适当的营销刺激,使消费者产生有利于企业市场营销的反应。

三 汽车消费者购买行为的类型

汽车消费者的购买行为有多种类型,可以从不同角度进行相应的分类。较为普遍的是以购买态度作为标准,分为以下五类。

1 理智型

此类汽车消费者对汽车产品有清醒的客观认识,在汽车需求转化为现实之前,通常要做广泛的信息收集与比较,充分了解汽车产品的相关知识,从汽车产品长期使用的角度出发,在不同的汽车品牌之间进行充分的调查,慎重挑选,反复权衡比较。一般会仔细考虑以下问题。

(1)质价是否相当。他们很重视价格,尽管急于购买汽车或觉得某汽车很实用,但往往要进行一定的质价比较,或期望降价后才购买。

(2)使用开支是否合算。不仅要考虑购买汽车本身所付出的代价,还要考虑汽车在使用过程中的开支是否合算,如汽车的耗油、节省油性能等。

(3)可靠性判断。一看新产品还是老产品,是名牌还是杂牌;二看新产品质量是否过关,老产品或名牌是否依然声誉很好。

(4)损坏或故障频率。一看产品本身,哪些容易损坏经常出故障;二看不同的品牌,哪些品牌故障少,哪些品牌故障多。

(5)维修服务价格:如果觉得某种汽车往往是买得起而修不起,因而也就不买了。

我国汽车消费者的购买行为多属于这类。针对这一类型的消费者,汽车企业应制订相应的策略帮助消费者掌握产品知识,借助多种渠道宣传产品的优点,发动销售人员乃至客户的亲朋好友对客户施加影响,简化客户的购买过程。

2 冲动型

此类汽车消费者通常较为年轻(30岁居多),具有较强的资金能力,情感较为外向,随意性较强。他们容易受汽车广告的宣传、汽车产品特色(如造型、色彩等)、购买氛围、介绍服务等因素的影响和刺激,较少进行反复比较挑选,能迅速做出购买决策。但这类客户往往会在购买后认为自己所买的汽车具有某种缺陷或者觉得同类汽车拥有更多优点时,产生较强的失落感,从而怀疑自己购买决策的正确性。

针对这一类型的消费者,汽车企业要提供良好的售后服务,通过各种途径经常向客户提供有利于本企业和产品的信息,使客户相信自己的购买决定是正确的。

3 习惯型

此类汽车消费者对汽车产品往往只偏爱其中一种或数种品牌,他们很少受广告宣传和时尚的影响,其需求的形成,多是由于长期使用某种特定品牌并对其产生了信赖感,从而按习惯重复购买。

针对这一类型的消费者,汽车企业应努力提高产品质量,加强广告推销宣传,创名牌、保名牌,在消费者心中树立良好的产品形象,使其成为消费者偏爱、习惯购买的对象。

4 选价型

此类汽车消费者对价格极为敏感,以价格作为购买决策的首要标准。选价型购买行为有两种,一种是选高价,即乐意选择高价优质汽车产品,如豪华轿车购买者多是这种购买行为;另一种是选低价,即注重选择低价汽车产品,多数工薪阶层汽车消费者以及二手车消费者主要是这种购买行为。

针对这一类型的消费者,汽车企业应适应市场的需要,生产或经营一定的高档豪华和经济实惠品种,以满足这些人需求。

5 情感型

此类汽车消费者情感体验较为深刻,想象力特别丰富,审美感觉灵敏,容易受促销宣传和情感的诱导,对汽车的选型、色彩及品牌极为敏感,他们多以汽车是否符合个人的情感需要作为购买决策的标准。很多女性消费者被奇瑞QQ、甲壳虫的可爱时尚的外形吸引成他们的客户。

针对这一类型的消费者,汽车企业要加大促销宣传力度,合理设置情感诱因,吸引消费者购买。

第二节　影响汽车消费者购买行为的因素

汽车消费者购买行为取决于他们的需求,而他们的需求受到文化、社会、个人、心理等因素的影响,见图2-1-2。各类因素的影响机理是:文化因素通过影响社会因素,进而影响消费者个人及其心理活动的特征,从而形成消费者的个人购买行为。

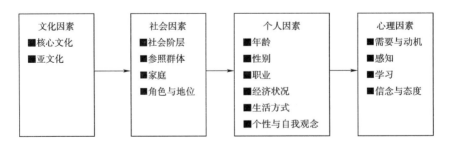

图2-1-2　影响汽车消费者购买行为的因素

一 文化因素

1 核心文化

核心文化是人类欲求与行为最基本的决定因素。每个消费者都在一定的文化环境中成长和生活着,其价值观念、生活方式、消费心理、购买行为等必然受到深刻影响。如在发达地区,汽车是与人们生活息息相关的商品,而在边远落后的地区,汽车则对人们毫无意义可言。

2 亚文化

任何文化都包含着一些较小的群体或所谓的亚文化,它们以特定的认同感和社会影响力将各成员联系在一起,不仅具有与核心文化共同的价值观念,还具有自己独特的生活方式和行为规范。就汽车消费者购买行为而言,亚文化的影响更为直接和重要,有时甚至是根深蒂固的。例如,美国通用汽车公司的"诺巴"牌汽车在波多黎各推销失败,仅因为"诺巴"在西班牙评语中为"不走"的意思。

二 社会因素

1 社会阶层

社会阶层是具有相对的同质性和持久性的群体,每个阶层的成员具有类似的价值观、兴趣爱好和行为方式。在汽车消费群体中,社会阶层对人们的消费心理、消费形态的影响,主要表现为以同一阶层汽车消费心理的相似性和不同阶层消费心理的差异性。

(1) 富豪阶层。

此阶层的消费者有一种永不满足的心理,过分追求商品的象征性和自我地位,价格心理与实惠心理淡薄,求新求特的心理突出,不再有大众那种通常能感受到的消费冲动和消费满足感。高档消费已在他们生活中常规化、随意化,其消费心理倾向几乎移出了"物质消费"领域,其主要消费行为特点是奢侈享受型消费和炫耀显示型消费,偏重高档汽车、名牌汽车等。

(2) 富裕阶层。

此阶层的消费者由于已完全具备良好的生活条件,因而追求消费个性化已成为明确的消费主题。前卫的消费观念,高档名牌汽车的消费目标,使他们跻身于新潮消费的行列。其主要消费行为特点是象征标志型消费和高雅舒适型消费,注重汽车的品牌,讲究豪华的车饰,用以突出自己的身份和地位。

(3) 小康阶层。

此阶层的消费者一般讲究体面,消费者之间彼此影响较大,趋同心理和看齐心理突出。由于经济不再拮据,他们开始按照自己的心理倾向扩展消费领域,增加消费项目,开始有投资意识,将结余购买力投向教育、证券等方面。其主要消费行为特点是简便快捷型消费,注重省时和高效,偏爱科技含量高的品牌汽车,购买时最关心汽车的价格、耗油量、维修费用、各种使用费用等。

(4)温饱阶层。

此阶层的消费者存在着一种立即获得感和满足感的消费心理。他们谨慎地扩展消费项目,但由于经济并不宽裕而具有强烈的忧患意识,支持子女教育,储蓄为其主要消费倾向。其主要消费行为特点是经济实惠型消费,对汽车价格很敏感,追求物美价廉的汽车,较注重为日常生活带来方便的小型汽车。

(5)贫困阶层。

此阶层的消费者几乎要将全部收入用来维持基本生活,因而无法产生独立、清晰的汽车消费意识,只是被生理需求牵着走。其主要消费行为特点是勉强度日型消费,在将来的很长一段时间内,很难产生汽车消费需求。

另外,高阶层消费者通常从专业性刊物上或者其他大众传播媒介中获取信息,喜欢到一级商业区的名店购车;低阶层消费者习惯于口碑式人际传播,喜欢到廉价市场购车。

2 参照群体

参照群体指对个人的态度具有直接或间接影响的群体,它可能是一个团体组织,也可能是某几个人,可能是正式的群体,也可能是非正式的群体。人们往往要根据参照群体的标准来评价自我行为,力图使自己在消费、工作、娱乐等方面同一定的团体保持一致。研究表明,汽车消费者购买行为更容易受到参照群体的影响。比如,几个相处较好的朋友就可能会都买同一品牌的轿车。

3 家庭

家庭是社会上最为重要的消费者购买组织,家庭成员在购买中起着不同的作用并且相互影响。在一个典型的现代家庭中,家庭消费行为基本上可以分为四类:丈夫决策型、妻子决策型、协商决策型、自主决策型。对于汽车的购买,在买与不买的决策上,一般是丈夫决策型和协商决策型,但在款式或颜色的选择上,妻子的意见影响较大。

另外,处于不同阶段的家庭,其需求特点是不同的。通常把家庭分为以下八个阶段。

(1)单身期:离开父母后独居的青年时期。

(2)新婚期:新婚的年轻夫妇,无子女阶段。

(3)"满巢"Ⅰ期:子女在6周岁以下,为学龄前儿童。

(4)"满巢"Ⅱ期:子女在6周岁以上,处于已经入学阶段。

(5)"满巢"Ⅲ期:子女已成长,但仍需抚养阶段。

(6)"空巢"Ⅰ期:子女已成人分居,夫妻仍有工作能力阶段。

(7)"空巢"Ⅱ期:夫妻已退休,子女离家分居阶段。

(8)未亡人时期:单身独居的老人。

对于汽车营销而言,面临的家庭阶段主要是处于"满巢"期的各类顾客。

4 角色与地位

角色地位指个人购买者在不同场合所扮演的角色及所处的地位。一个消费者同时又承担着多种不同的角色,并在特定的时间里具有特定的主导角色,每种角色都代表着不同的地位身份,并不同程度地影响着其购买行为。例如,单位经理开的是桑塔纳轿车,其单位职员一般就不会开宝马轿车。

三 个人因素

1 年龄

人们会在不同的年龄阶段有不同的消费心理和购买行为,而且还会随着年龄的增长而不断改变其购买行为。

(1)青年。

青年消费者人数众多,具有独立的购买能力和较大的购买潜力,但由于汽车的价值较高,有能力购买中高档汽车的青年消费者只有很少的一部分,但现在的青年进入中老年后,又将成为购买中高档汽车的生力军。其消费心理有如下表现。

①追求时尚。他们的购车行为趋向求新求美,喜欢购买富有时代特色的车辆来装饰自己和家庭,展现其现代化的生活方式,以博得他人的赞许和羡慕。

②突出个性。他们消费倾向从不稳定到稳定过渡,愿意表现自我个性与追求,对新品牌、新花色、新样式等个性化十足的汽车情有独钟。

③冲动性强。他们往往凭对车辆的感情来判断车辆的好坏、优劣,不能冷静地分析车辆的各种利弊因素。

④变化性强。很多青年消费者购买第一辆汽车后,最初的一段时间感觉非常新奇,对新车爱不释手,但经过一段时间后,新鲜感渐渐褪失,此时青年人持有的多变心理使得他们开始对其他车型发生了兴趣,便考虑将现在于中的车卖掉,置换一款自己更中意的车。

(2)中年。

中年消费者消费心理有如下表现。

①理智性强,冲动性小。他们阅历较广,生活经验丰富,情绪反应一般比较平稳,多以理智型购车为主。

②计划性强,盲目性小。他们大多是家庭经济的主要承担者,养成了勤俭持家、精打细算的消费习惯,购车时经常量力而行,很少计划外开支和即兴购买。

③注重传统,创新性小。他们购买汽车时,宁可压抑个人的爱好而随俗,也不愿意让别人感到自己花样翻新和不稳重。

(3)老年。

老年消费者消费心理有如下表现。
① 怀旧心理强烈,品牌忠诚度高。
② 注重实际,要求得到良好的服务。
③ 较强的补偿性消费心理。

2 性别

性别在人类的消费活动中也扮演了举足轻重的角色,男性消费者和女性消费者具有不同的消费心理特征。

(1) 男性。

大多数男性消费者特别关注汽车的性能,对汽车的机械结构很感兴趣。购车时,一般买车目的比较明确,容易做出买或不买的决定,不喜欢挑来挑去,比较相信汽车销售人员,这些都有利于成交。

在这种情况下,汽车销售人员要格外细心地帮助顾客挑选,否则顾客买回去后可能因为不合适而失望,从而造成不良影响,甚至出现顾客投诉销售人员的情况,给双方带来麻烦。

(2) 女性。

由于特殊的生理特点,安全性、舒适性、方便的操纵系统是女性用车最重视的因素。大多数女性消费者对车辆外观和颜色的重视程度远高于男性购车者,她们主要关心车子的外形是否好看,颜色是否鲜艳亮丽,内装触感是否柔和,配备是否贴心实用,最重要的是车子不要老出问题,而且买车养车的负担不要很重等。

购车时,女性消费者一般比较细心:一是观察仔细,往往反复几次,拿不定主意,特别注意观察别的顾客是否购买,效仿性较强;二是挑选得特别仔细,往往要反复察看,互相比较,不厌其烦;三是询问得特别细,对于生产商、产地、性能、价格、质量无所不问,而且特别注意别人的使用情况。

针对这些,汽车销售人员要特别耐心,而且要有针对性地接待。例如,多介绍别人用车后的反映,卖得快不快,价格高不高,挑选时要多拿些车型资料,让其充分选择,不要催促。

3 职业

职业状况对于人们的需求和兴趣有着重大的影响,并直接影响其生活方式和消费行为。不同职业的消费者对汽车的购买目标是不一样的,例如,教授、律师、政府官员喜欢黑色轿车,代表庄重、沉稳与威严,而演艺工作者喜欢红色及色彩鲜艳的轿车,代表青春活力。

4 经济状况

经济状况是决定汽车消费者购买行为的首要因素,对购买行为有直接影响。尤其是汽车是一种高档耐用消费品,个人的经济状况达不到一定程度是不可能购买汽车的,并且经济状况较好的人与经济状况一般的人所选购的汽车是有所差别的。

5 生活方式

生活方式是人们在生活中表现出来的支配时间、金钱及精力的方式。一个人对汽车产品的选择实质上是在声明他是谁,他想拥有哪类人的身份。消费者常常选择这样而不是那样的汽车产品,与其特定的生活方式有密不可分的联系。

6 个性与自我观念

个性指一个人所特有的心理特征。个性导致他对所处环境有持续不断的反应。个性不同会导致消费者购买行为的差异,进而影响消费者对汽车产品的品牌的选择。

自我观念与个性有关,可以理解为自我定位,消费者往往会选择与他们的个性及自我定位相吻合的汽车产品。

另外,自我观念在一定程度上影响着人们对未来(如收入)的预期,从而影响其现在的购买决策。

四 心理因素

1 需要与动机

需要指消费者在生理上和心理上的匮乏状态,即感到缺少什么,从而想获得它们的状态。美国人本主义心理学家亚伯拉罕·马斯洛认为:人类的需要是层次化的,按其重要程度依次为生理需要、安全需要、社会需要、尊重需要和自我实现需要,并且只有较低层次的需要被满足后,较高层次的需要才会出现并要求得到满足。这完全适合于我国当前的汽车消费市场情况:在吃、穿、住等生理需要得到满足以后,才可能去购买汽车,以满足更高层次的需要;而购买汽车的人,也是根据其在社会上所处的地位,所要满足的需要,选择不同的车型和品牌,如选择经济型汽车的目的是为了满足其代步的需要,选择豪华型汽车的目的除了满足其代步的需要外,更要体现其身份和地位。

动机是一种基于需要而由各种刺激引起的心理冲动。汽车消费者购车行为直接源于各式各样的购车动机,常见的购买动机有以下八种。

(1)求实动机。

该动机指消费者以追求商品或服务的使用价值为主要目的动机。在这种动机支配下,消费者在选购车辆时,特别重视汽车的技术性能和实用价值,主要关注汽车的价格、油耗、耐用性、可靠性、使用寿命、售后服务等。如消费者在购买农用车、轻型车、微型车时,这种动机很常见。

(2)求便动机。

该动机指消费者以追求商品购买和使用过程中的省时、便利为主要目的动机。在这种动机支配下,消费者在选购车辆时,关心能否快速方便地提车,关注汽车是否便于使用和维修。

如自动挡汽车走俏市场,正是迎合了这种动机。

(3)求新动机。

该动机指消费者以追求商品或服务的时尚、新颖、奇特为主要目的动机。在这种动机支配下,消费者在选购车辆时,特别注重汽车是否是新产品、新款式、新花色等。一般而言,在收入水平较高的人群以及青年群体中,这种动机较常见,他们是汽车新产品的倡导者。

(4)求廉动机。

该动机指消费者以追求商品或服务的价格低廉为主要目的动机。在这种动机支配下,消费者在选购车辆时,宁肯多花体力和精力,多方面了解和比较各品牌的价格差异,在其他条件大体相同的情况下,会选择价格便宜的汽车。这类消费者以经济收入较低者居多。

(5)求美动机。

该动机指消费者以追求商品的欣赏价值和艺术价值为主要目的动机。在这种动机支配下,消费者在选购车辆时,特别看重汽车的颜色、造型、款式等,对汽车本身的实用价值和价格的考虑尚在其次。这类消费者在受教育程度较高的群体以及从事文化、教育等工作的人群中比较常见。

(6)偏好性动机。

该动机指消费者以满足个人特殊兴趣、爱好为主的购买动机。在这种动机支配下,消费者在选购车辆时,往往只对某一类型的汽车感兴趣。

(7)求名动机。

该动机指消费者以追求名牌、高档商品,借以显示或提高自己的身份、地位而形成的购买动机。在这种动机支配下,消费者在选购车辆时,倾向于高档化、名贵化汽车。这类消费者多见于功成名就、收入丰厚的高收入阶层,也见于其他收入阶层中的少数人,他们是消费者中的尖端消费群。

(8)求仿或从众动机。

该动机指消费者在购买商品时不自觉地模仿他人的购买行为而形成的动机。在这种动机支配下,消费者在选购车辆时,总是模仿他们崇拜或尊敬的人,或者跟着潮流走,不愿突出,也不甘落后。

2 感知

一个受到动机驱使的人可能随时准备行动,但具体如何行动则取决于他的感知程度。感知是指人们通过自己的身体感觉器官对外界刺激物所做出的反应。具体地说,人们经历以下三种感知过程。

(1)选择性注意。

人们在日常生活中会接触众多刺激,但大部分会被过滤掉,只有少部分刺激会引起人们注意。例如,汽车厂商所做的汽车广告很多,但真正引起某一个即将准备买车的人注意的只有一条,因为这条广告,这位购买者可能会对该广告所宣传的车型作进一步的了解,很可能最终选择该种车型。

(2)选择性理解。

每个人总是按自己的思维模式来接受信息,并趋向于将所获信息与自己的意志结合起来,即人们经常按先入为主的想法来接受信息。例如,当消费者一旦倾向于某一种汽车品牌时,即使他了解到该品牌车的某些缺点,也可能会无视这些缺点的存在,而选择该种品牌的汽车。

(3)选择性记忆。

人们往往会忘记接触过的大部分信息,而只记住那些符合自己的态度与信念的信息。通过调查,消费者在购车过程中,4S店的展厅环境、客户接待流程、销售人员的服务态度和专业水平,汽车产品的质量、价格、款式、色彩、售后服务等都会让消费者形成良好或者恶劣的感知,从而对购买行为产生直接的影响。

3 学习

学习是某种体验所产生的一种相对持久的行为变化,是驱使力、刺激、诱因、反应和强化等互相作用的结果。汽车消费者在购买和使用汽车的过程中,逐步获得信息、知识和经验,并根据经验调整自己的购买行为。由于汽车市场营销环境的不断变化,新产品、新品牌不断涌现,汽车消费者必须经过多方收集有关信息之后,才能做出购买汽车的决策。

汽车市场营销人员应注意发挥消费者购买行为中"学习"这个内在因素的作用,通过汽车展销会、顾客联谊会、广告等营销活动给消费者提供本企业产品信息,吸引消费者的注意,利用刺激性的诱因,并提供正面强化手段,来促进消费者购买行为的发生。

4 信念与态度

消费者通过实践和学习获得自己对产品的信念和态度,进而影响着自己的购买行为。信念指人们对事物所持的描述性思想,汽车消费者通常会根据自己的信念购车,错误的信念会阻碍购买行动,如"奔驰"象征着成功人士的身份,"福特"代表着勤勉的中产阶级,"宝马"则是活力的体现;态度是指人们对某些事物或观点所持的正面或反面的认识上的评价、情感上的感受和行动上的倾向,它会导致消费者对某一产品产生好或坏、满意、支持、讨厌、拒绝等的感情,它的形成是逐渐的,一旦形成就不会轻易改变。

汽车市场营销人员不能采取强制或压服的方式试图改变消费者的信念与态度,而应该考虑如何改变自己的产品或形象,使之符合消费者的信念与态度。

第三节 汽车消费者的购买决策

一 汽车消费者购买决策的内容

购买决策的内容是汽车消费者前期准备购买活动的集中体现,是购买过程中最为关键的阶段。通常会对为什么买、买什么、什么时候买、在哪儿买、由谁买、如何买、购买频率如何等问题做出决定，也就是 5 W 2 H，即 Why、What、When、Where、Who、How、How often。

1 为什么买（Why）

这是指汽车消费者购车的初始原因和原动力，当购车愿望强烈到一定程度，就会产生购买动机。不同的消费者有不同的购买动机，就算是买同一款车，有的消费者是将其作为一种代步工具，有的消费者是为了表现生活方式，有的消费者购买是因为个人兴趣，有的消费者购买纯粹是随大流。

汽车市场营销人员要分析消费者"为什么买"，应该通过对消费者的调查和预测，明确消费者的购买动机和影响因素，然后有针对性地进行营销。

2 买什么（What）

这是汽车消费者购买决策的核心内容，是指消费者通过自己对各种汽车产品的综合分析，最终决定购买哪种类型、哪种款式、哪种品牌的汽车。通常，消费者喜欢物美价廉、式样新颖、个性十足的汽车。

汽车市场营销人员要重点分析消费者"买什么"，应该通过周密的市场调查，了解消费者到底需要什么样的汽车，尽量在外观、品种、质量、性能、价格等方面满足消费者的需求。

3 什么时候买（When）

这是指汽车消费者对购买时间的决定。一般而言，购买时间与消费者的需求迫切性有关，若是急用就会很快购买。表面上看，单个消费者购买时间是随机的，但从深层来看，整个汽车消费市场还是有一定的规律可循。如购车者都喜欢在周末或者节假日看车，其中"金九银十"的九、十月份和春节前是购车旺季，而春节后是购车淡季。

汽车市场营销人员要分析消费者"什么时候买"，了解消费者购买时间的一些基本规律，采取相应的策略，达到事半功倍的效果。

4 在哪儿买（Where）

这指汽车消费者打算购车的具体地点。消费者购买地点的选择与购买习惯、个人偏好、是否方便快捷等因素有关，但由于汽车价值较高，消费者一般都会选择信誉好、服务好的汽车销售中心。

汽车市场营销人员要分析消费者"在哪儿买"，要通过提高信誉、提高服务质量来吸引消费者，成为消费者的实际购买地点。

5 由谁买（Who）

这指汽车由谁来购买的问题。因为汽车购买者年龄、性别、收入、职业等方面的不同，所以在需求方面也存在很大的差异。而且消费者购买的汽车不一定是自己使用，消费者使用的汽车也不一定是自己购买的。通常在购买汽车的过程中,有发起者、影响者、决策者、购买者、使用者5种角色(表2-1-1),当然不同角色也可以相互重叠。一般而言,汽车购买的重要角色是决策者,但由于独生子女的特殊情况,其他角色也不容小觑。

消费者在购买行为时的角色　　　　　　　　表2-1-1

角色	描述	角色	描述
发起者	首先提出或有意向购买汽车产品的人	购买者	实际执行购买汽车产品的人
影响者	其看法或建议对最终决策有影响的人	使用者	实际使用汽车产品的人
决策者	对整个或部分购买决策有决定权的人		

汽车市场营销人员要分析消费者"由谁买",要弄清楚"谁是购买者或用户""谁参与了购买决策",针对5种角色的不同地位、不同心理状态,采取针对性的方法满足他们的需求。

6 如何买(How)

这指汽车消费者购买方式和付款方式,是现场付款还是分期付款,是订购还是现场提车。

汽车市场营销人员要分析消费者"如何买",应充分考虑到消费者的不同购买方式,制订出相应的销售策略,满足不同消费者的需求。

7 购买频率如何(How often)

这指汽车消费者多久购买一次,即购买频率。当消费者购买能力增强时,就会考虑购买新车或者更新换代。一般而言,消费者总喜欢性价比高的汽车,希望用有限的金钱买到最为满意的汽车。

汽车市场营销人员要注意分析消费者"购买频率如何",了解客户在什么时候有购买新车的需要以及什么时候出现更新换代的需求,并根据汽车消费者的不同需求,制订相应的汽车价格策略。

二 汽车消费者购买决策的过程

消费者购买决策过程是消费者购买动机转化为购买活动的过程,是一个决策不断补充、修正、调整、完善的动态心理过程。一般而言,消费者购买决策过程由认识需要、搜集信息、评估选择、决定购买、购后评价五个阶段构成(图2-1-3)。汽车消费者购买决策的过程也不例外。

图2-1-3　消费者购买决策过程

1 认识需要

认识需要是消费者购买决策过程的起点,指消费者由于受到某种刺激而产生了某种需要。这种刺激主要来源于两个方面:一是来自消费者自身,如上下班长时间的路途和频繁的转乘公交车,需要汽车作为代步工具;二是来自外部环境的刺激,如电视上的汽车广告、朋友用车的性能状况等引起消费者强烈的购车愿望。

汽车市场营销人员应注意识别引起消费者需要和兴趣的某种环境,并充分注意到两个方面的问题:一是注意了解那些与本企业的汽车产品实际和潜在相关联的驱使力;二是注意消费者的汽车需求强度会随时间的推移而变动,并且被一些诱因所触发。在此基础上,汽车企业还要善于安排诱因,促使消费者对本企业汽车产品产生强烈的需要,并立即采取购买行动。

2 搜集信息

消费者认识到某种需要后,就开始搜集各种相关信息资料,以便寻找到能满足需要的最合适商品和服务。由于汽车产品价格昂贵,消费者对汽车信息的搜集十分注重,所耗费的时间比较长。消费者的信息来源主要有以下四个途径。

(1)经验来源。

消费者对汽车产品的认识、处置、检验、购买和使用经验。

(2)个人来源。

消费者从家庭、朋友、邻居、同事和其他熟人得到的汽车相关信息。

(3)商业来源。

汽车厂商、汽车营销机构等提供的汽车相关信息,如汽车产品广告、汽车销售人员的介绍、汽车展销会等。

(4)公共来源。

社会公众传播的汽车相关信息,如消费者权益组织、政府部门、新闻媒介、其他消费者和大众传播等。

一般来说,汽车消费者在购买过程中,商业来源获得的信息最多,其次是公共来源和个人来源,最后是经验来源。但不同的信息来源对消费者的影响效果是不一样的,消费者对经验来源和个人来源的信息信任度最高,其次是公共来源,最后是商业来源。研究表明,商业来源的信息在影响消费者购买决定时只起到"通知"的作用,就是让消费者知晓自己的品牌。因此,汽车厂商和汽车市场营销人员应该尽可能让汽车消费者知晓自己的品牌,同时要清楚哪些竞争品牌也在知晓和选择之列,以求制订有利的竞争策略。另外,必须充分利用和刺激经验来源、个人来源和公共来源,以加强信息的影响力和有效性。

3 评估选择

消费者从不同渠道收集了一定的信息后,便会对众多信息进行筛选、分析和比较,权衡后确定对某种品牌的产品所持有的态度和购买意向,从而确定最优方案。一般来说,汽车消费者会从汽车产品的属性、汽车品牌信念和汽车产品效用三方面对汽车产品的不同品牌加以对比和评价并决定选择。

(1)汽车产品属性。

该部分主要指汽车产品所具有的能够满足消费者需要的特性,包括车速、油耗、外观形象、内部结构、价格、驾驶的方便性和舒适性、销售地方、销售方式、售后服务的内容等。

(2)汽车品牌信念。

该部分主要指消费者对汽车品牌优劣程度总的看法,包括品牌知名度、品质认知度、品牌忠诚度等。

(3)汽车产品效用。

该部分主要指消费者消费汽车产品所得到的满足程度。

汽车厂商和汽车市场营销人员应该了解消费者主要对哪些属性感兴趣以确定本企业汽车产品应具备的属性,并提高属性的效用,构筑一个良好的汽车品牌。

4 决定购买

消费者在广泛收集产品信息并对其比较评价的基础上,形成了对某种产品的肯定或否定态度,同时还会受到他人态度(如家人反对)和某些意外因素(如失业)的影响。一旦肯定态度形成,就会决定购买。

汽车厂商和汽车市场营销人员不仅要向消费者提供更多、更详细的本企业汽车产品信息,使消费者消除各种疑虑,还要通过提供各种销售服务,方便消费者选购,促进他们做出购买本企业产品的决策。

5 购后评价

消费者购买产品后最终会投入使用,并在使用中检验自己购买决策,确认自己的满意度。如果产品符合期望或者超过期望,消费者就会满意或者很满意,就会增加对该产品的信心,可能以后会重复购买;如果产品达不到期望,消费者就会不满意,就会产生失调感,可能以后不会购买。同时,消费者会将自己的感受向相关群体诉说,或通过大众媒介的传播,从而影响其他消费者的购买行为。

汽车厂商和汽车市场营销人员介绍产品时,不能有不切实际的承诺,不能信口开河,不能夸大其词让消费者产生很高的心理预期,更不能欺骗消费者,只有努力提高售后服务水平、提升实际价值才能增强消费者的满意程度,减少和消除消费者的购后失调感。

任 务 书

车型_____ 调研地区_____ 小组编号_____
小组成员_____

分析某车型在某一地区的消费者消费心理及消费行为。

一、分析该车型潜在客户的购买行为类型。

二、分析该车型潜在客户的需求动机类型。

三、归纳该车型的潜在客户特点。

第二章　展厅接待

 学习目标

本章旨在通过学习展厅接待的相关内容,使学生掌握展厅接待的流程及其技巧。

 任务描述

本章共四项任务:
(1)掌握展厅接待的流程和技巧;
(2)掌握《意向客户跟进表》的填写方法;
(3)熟悉展厅接待常用话术;
(4)可独立完成展厅接待。

 学习引导

本章学习可以采用以下顺序:

引出任务 → 分小组(2人/组)、选定车型 → 学习相关内容 → 完成任务书

第一节　汽车销售流程

一、汽车销售流程的重要性

面对激烈的市场竞争,销售人员无章法的不规范行为,会直接导致销售业绩不佳和客户的流失。因此规范汽车的销售流程,提升销售人员的营销技能和客户满意度,成为当今各汽车公司以及各4S店的追求。

二、汽车销售流程的内容

本书探讨的汽车销售流程仅指展厅销售流程,见图 2-2-1。

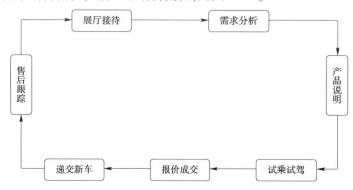

图 2-2-1　汽车销售流程图

1 展厅接待

积极的展厅接待可以为客户树立良好的第一印象,是展现品牌形象和服务理念的环节。销售人员的专业服务将会消除客户戒备心理,并为购买经历创造一种轻松愉快而满意的氛围,为后续的需求分析奠定基础。

2 需求分析

需求分析是通过适当引导鼓励客户充分自主地表达需求,是满足客户需求、提供专业解决方法的重要环节。通过对客户需求的有效分析,明确客户真实需要,为产品说明及后续工作做好铺垫。

3 产品说明

产品说明是销售流程的核心环节,根据客户需求,进行有针对性的产品说明及展示汽车品牌的综合竞争优势,促使客户产生信任感,让客户了解汽车品牌的价值,以及为其生活和工作带来的激情与利益。

4 试乘试驾

试乘试驾是产品说明的延伸,是让客户动态地了解车辆有关信息的最好机会。客户通过亲身的体会和驾乘感受,进一步强化信心,体会"拥有"的感觉,从而导入报价成交阶段。

5 报价成交

报价成交应是在处理好客户所有异议的基础上,商谈好价格和其他相关事项,签订销售合同,为新车交付做好铺垫。

6 递交新车

新车交付是客户最兴奋的时刻,若能让客户在交车的过程中拥有愉快满意的交车体验,则能提高客户满意度,为将来与客户保持长期、良好的关系建立基础。

7 售后跟踪

售后跟踪的目的是继续促进4S店与客户之间的长期服务关系,提升客户满意度,提高客户回店率。通过建立定期跟踪机制,可为4S店发掘更多的商机,提高4S店的效益。

第二节 展厅接待的流程

展厅接待的流程见图2-2-2,客户服务标准有以下内容。

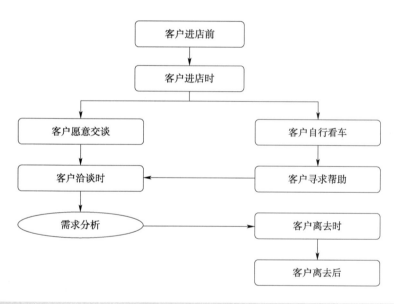

图2-2-2 展厅接待的流程

一、客户进店前

(1)值班人员身着标准制服,对来店客户问候致意,并开门迎接客户。

(2)若客户开车前来,值班人员主动引导客户进入客户停车场停车,以标准的动作指示客户将车停入停车位。

(3)若在雨天客户开车前来,主动拿雨伞出门迎接客户。

二 客户进店时

(1)值班销售人员迎至展厅门外,主动微笑招呼客户,帮助客户打开展厅大门,并询问客户来意,提供适切的服务。

(2)销售人员随身携带名片夹,适当时机介绍自己,并递上名片,请教客户称谓。

(3)4S店的所有员工在接近客户至3m内时都主动问候"您好"。

(4)与客户同行人员招呼。

(5)如果正在接待其他客户而无法立即出迎,应于第一时间点头招呼、请客户稍等,再尽快接待。

三 客户看车时

(1)按客户意愿进行,请客户随意观察。

(2)明确说明自己的服务意愿和候叫的位置,如"有需要,请随时召唤,我就在这边"。

(3)在客户所及范围内关注客户动向和兴趣点,与客户保持适当的距离,避免给客户有压力的感觉。

(4)客户表示想问问题时,销售人员要主动上前询问。

四 客户洽谈时

(1)主动邀请客户就近入座,确保客户入座座位可观赏到感兴趣的车辆。

(2)向客户提供可选择的免费饮料,征得客户同意后入座于客户侧面,保持适当的身体距离(0.8~1.2m)。

(3)先从礼貌寒暄开始,扩大谈话面,给客户机会引导对话方向。

(4)先回应客户提出的话题,倾听、不打断客户谈话。

(5)介绍汽车企业、本经销店及销售人员个人的背景与经历,增加客户信心。

(6)与客户交谈的同时,应随时关注客户的同伴。

(7)争取适当时机,请客户留下客户信息等。

五 客户离去时

(1)提醒客户清点随身携带的物品。

(2)放下手中其他事务,拉开展厅大门,送客户至展厅外,感谢客户惠顾,欢迎再次来访。

(3)微笑,目送客户离去(至少5s时间)。

(4)若客户开车前来,陪同客户到车辆边,感谢客户惠顾并道别。

六 客户离去后

(1)销售人员回展厅整理洽谈区、展车,恢复原状。
(2)整理客户信息,填写《来店客户登记表》,并于下班前汇总成《客户来电(店)量监控表》,见表2-2-1。

汽车客户来电(店)量监控表　　　　　表 2-2-1

月第　周

序号	星期一 (　月　日)	星期二 (　月　日)	星期三 (　月　日)	星期四 (　月　日)	星期五 (　月　日)	星期六 (　月　日)	星期日 (　月　日)
1							
2							
3							
4							
5							
6							
7							
8							
9							
10							
11							
12							
13							
14							
15							
16							
17							
18							
19							
20							
21							

续上表

序号	星期一 (月 日)	星期二 (月 日)	星期三 (月 日)	星期四 (月 日)	星期五 (月 日)	星期六 (月 日)	星期日 (月 日)
22							
23							
24							
25							
26							
27							
28							
29							
30							
当日总结	销售顾问 | 接待客户 | 留有资料	销售顾问 | 接待客户 | 留有资料	销售顾问 | 接待客户 | 留有资料	销售顾问 | 接待客户 | 留有资料	销售顾问 | 接待客户 | 留有资料	销售顾问 | 接待客户 | 留有资料	销售顾问 | 接待客户 | 留有资料
	合计	合计	合计	合计	合计	合计	合计

(3)根据客户初次接待情况,划分客户类型,并填写《意向客户跟进表》,见表2-2-2。

常见客户分类:

A类客户:预计在1个月内成交;

B类客户:预计在2个月内成交;

C类客户:预计在3~6个月内成交。

意向客户跟进表　　　　　　　　　　　　　　　　　　　　　　　表 2-2-2

顾 客 信 息			
客户姓名：　　　性别：	客户现有车型：		
客户情况简介(特征/年龄/职业/爱好/收入/)：	手机/电话/传真：		
^	详细地址/邮编：		
^	意向车型/价格：		意向颜色：
客户信息来源：□来电 □来店 □广告 □走访 □DM □市场推广 □介绍(介绍人)_____ □其他			
周边已购车(ABC)人群　姓名：　　　联系方式：　　　　已购车型 / 时间：			
其他考虑车型:品牌：　　　车型：　　　本次购买原因： □新购 □新增 □替换 □其他			
因素	价格　车身外形　售后服务　安全性　发动机　油耗量　内空间　配置　加速性　操控性		
跟进进度	□初访 □展示 □试驾 □车型 □颜色 □价格 □签约 □交车		
跟进访问内容			
初次(　年　月　日　点)洽谈印象			
洽谈情况：	结果： 客户级别：_____下次跟进时间：		
第二次(　年　月　日　点)访问方式：	第三次(　年　月　日　点)访问方式：		
情况(尽量引导客户提问)： 结果： 客户级别变化：_____下次跟进时间：	情况(尽量引导客户提问)： 结果： 客户级别变化：_____下次跟进时间：		
第四次(　年　月　日　点)访问方式：	第五次(　年　月　日　点)访问方式：		
情况(尽量引导客户提问)： 结果： 客户级别变化：_____下次跟进时间：	情况(尽量引导客户提问)： 结果： 客户级别变化：_____下次跟进时间：		
业务洽谈结果　　　　　　　成交/未成交			
原因分析： 销售心得： 　　　　　　　　　　　　　　　　　　填写人员：_____ 时间：_____			
销售经理确认及建议 　　　　　　　　　　　　　　　　　　填写人员：_____ 时间：_____			

第三节　展厅接待的技巧

一　放松顾客的戒备

来店的客户,尤其是初次来店的客户,面临一个陌生的环境,面对一个陌生的销售人员,谈论一个陌生的话题,往往会感到"怕"。怕什么呢?怕露怯,怕上当,更怕被那种强力的销售人员给黏上。因为这种"怕",客户便产生一种自然的自我保护意识,对任何事物都心存戒备。因此,销售人员首先要让顾客放松戒备的心理。

1 客户进来的前三分钟不要骚扰他

绝大多数客户在进入展厅的前三分钟,都不喜欢别人打扰,而是希望自己了解一下展厅内的汽车,感受车行的气氛,熟悉车行的环境。销售人员必须熟悉客户的这种心理,避免做出令客户反感的举动。在客户进来的前三分钟内,可以先跟客户热情地打个招呼:"您好,我是××,请随便看看,有什么需要随时招呼我。"然后递交名片,与客户保持适当的距离,给客户留下一些时间,让他们自己去感受。在这三分钟里,销售人员要细心观察客户的年龄、衣着打扮和言谈举止,对客户做出一个初步的判断:是想买车、看车,还是随便逛逛。然后,再根据客户不同的来意,做好不同的接待准备。

2 密切关注客户发出的"接近信号"

客户在看车的时候不希望被打扰,而在需要帮助的时候,又希望能够得到及时的帮助。因此,销售人员要密切关注客户发出的接近信号,抓住接近客户的最好时机。一般来说,客户发出的接近信号有以下几种。

(1)客户的注意力集中在某辆汽车上。

客户的注意力集中在某辆汽车上,表明客户对这款汽车产生了兴趣。这时,销售人员应利用这种机会接近客户,先恭维客户:"您真有眼力""您的气质高雅,开这种款式的汽车,真是太合适了",然后进一步询问。

(2)客户触摸汽车时。

客户仔细地观看、触摸并摆弄汽车,表明他对汽车产生了兴趣,并希望通过销售人员的介绍更多地了解汽车。这时,销售人员应利用这种机会接近客户,如"先生,需要我为您介绍这辆车吗?"注意,不要在客户刚刚触摸汽车时就打招呼,不要从客户背后突然插话,应该在客户踌躇未定的瞬间,主动从正面或侧面迎上前去。

(3)客户注视汽车后,抬起头来寻找销售人员。

客户在注视汽车后,突然抬起头左右张望,表明他需要帮助。这时,销售人员应利用这种机会接近客户,恰当回答客户的询问,并主动介绍汽车。若客户觉得汽车不太中意,准备离开,汽车销售人员要见机行事,接近客户:"这款不太适合吗?那边还有一款,请您再看看!"

(4)客户突然停下脚步时。

当客户一边走一边浏览展示的汽车时,突然停下脚步,表明某款汽车引起了他的注意。这时,销售人员应利用这种机会接近客户,立即迎上前,主动介绍客户关注的汽车的相关信息。

(5)与客户的目光相对时。

当销售人员与客户的目光相对时,应向他们点头致意,并说"您好,欢迎光临!"这时轻轻地招呼,虽然不一定能谈成生意,但可以表现出销售人员礼貌的态度和接待的热情,这对良好树立形象是非常重要的。

3 巧用销售概述

当销售人员主动靠近客户时,客户的心情就又开始紧张。此时,销售人员要巧用销售概述。

 举例:销售概述

"您好,真高兴您到我们展厅来看车,您叫我小王就行了。您是说要看看这款车是吧,哎呀这款车1.6L排量的、1.8L排量的、手动挡、自动挡的好几款呢,一句话两句话的也说不清楚。这么着,您大老远来了我怎么也得请您喝杯水,喘口气,不着急,车型的事啊,一会我详详细细地都给您介绍一下,这个买车嘛,咱一定得买合适的,我在这就是给您服务的,买不买的没关系,咱就当交个朋友嘛,是吧。"

销售概述只有一个意思:告诉客户你就是为客户服务的,而且想和他交朋友。当客户听了这样的概述后,戒备的心理会稍微地放松一点,而且出于礼貌,也会坐下来。

● 分散客户的注意力

客户坐下来了,暂时地放松了一下心理上的戒备,但是依然记得进店前所要提的问题,注意力还集中在汽车、公司或者汽车销售人员或有或无的缺点上。此时,销售人员可以充分利用展厅的饮料服务,分散客户的注意力。

举例:分散客户注意力

销售人员:"先生,您喝点凉的还是热的?"
客户:"哎呀,天热,喝点凉的吧。"

销售人员:"凉的,我们这有这个雪碧、可乐,还有冰咖啡,要不您尝尝。"

客户:"是吗?还有冰咖啡,我尝尝看。"

通过这样连续的短暂的提问,客户已经暂时忘记了他要提的问题,注意力已经转移到饮料上了。

三 跟客户寒暄

通过饮料服务,暂时分散客户的注意力,但销售人员千万不能让这个场面冷下来,不能让客户反应过来他接着该问什么。因此,销售人员可以跟客户寒暄,运用客户关注的公共话题,如"您是第一次来我们店呀""您是怎么知道我们店的,我看您开车来的是吧,我们这店还好找吗",然后再抓住销售的有利时机,进入需求分析阶段。

任 务 书

车型_____ 小组成员_____ 小组编号_____

一、小组成员分配销售顾问和客户角色,进行展厅接待情景模拟,情景自拟。

二、填写《意向客户跟进表》。

意向客户跟进表

顾 客 信 息										
客户姓名:		性别:	客户现有车型:							
客户情况简介(特征/年龄/职业/爱好/收入/):						手机/电话/传真:				
^						详细地址/邮编:				
^						意向车型/价格:				意向颜色:
客户信息来源:□来电 □来店 □广告 □走访 □DM □市场推广 □介绍(介绍人)_____ □其他										
周边已购车(ABC)人群		姓名:	联系方式:			已购车型 / 时间:				
其他考虑车型:品牌:		车型:	本次购买原因: □新购 □新增 □替换 □其他						
因素	价格	车身外形	售后服务	安全性	发动机	油耗量	内空间	配置	加速性	操控性
跟进进度	□初访 □展示 □试驾 □车型 □颜色 □价格 □签约 □交车									
初次(年 月 日 点)洽谈印象										
洽谈情况:						下次跟进时间:				
结果:						下次访问方式:				
客户级别:_____										

第三章 需求分析

学习目标

本章旨在通过学习需求分析的相关内容,使学生掌握需求分析的流程及其技巧。

任务描述

本章共四项任务:
(1)掌握客户需求分析的流程和技巧;
(2)掌握《客户需求分析表》的填写方法;
(3)熟悉客户需求分析常用话术;
(4)可独立完成客户需求分析。

学习引导

本章学习可以采用以下顺序:

引出任务 → 分小组(2人/组)、选定车型 → 学习相关内容 → 完成任务书

第一节 需求分析的流程

需求分析的流程见图2-3-1所示,客户服务标准有以下内容。

一 倾听客户诉求

(1)从寒暄开始,选择公共话题(社会新闻、财经新闻、生活休闲娱乐等),创造轻松的氛围,消除客户的压力。

(2)得体的赞美客户,消除客户的紧张感。

(3)积极倾听,让客户畅所欲言。
(4)表情自然,保持微笑,表现出对客户的关心。
(5)利用恰当的提问方式询问。

收集客户信息

(1)客户的个人信息,包括姓名、电话、通信方式、职业、工作单位、家庭情况、业余爱好、生活方式等。
(2)客户过去的情况,包括有无使用经验、过去购车的原因、换新车原因、对经销商的态度等。
(3)客户现在的状况,包括购车的感性因素、购车的用途、购车数量、是否对某一车型特别感兴趣、对安全性能的要求、对车的装备和配置的需求、对车的颜色的需求、最关注的性能、对本品牌的了解程度、对竞争对手的了解、购车预算、付款方式等。
(4)客户的未来的期望,包括需要提供什么样的特别服务、对所购的车有什么期望、供车时间要求等。

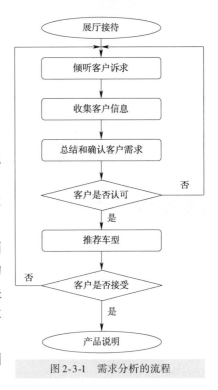

图 2-3-1 需求分析的流程

三 总结与确认客户信息

(1)应分析客户的不同需求状况,回复客户所关心的问题。
(2)协助客户整理需求,总结客户需求状况并于适当时机现场记录。
(3)协助客户确认其需求,推荐合适的汽车。
(4)若无法回答客户的问题,切勿提供不确定的信息,可请其他同事或主管协助。
(5)形成内容详细的《意向客户管理卡》。
(6)适时引导顾客进入车辆介绍。

第二节 需求分析的技巧

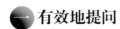 有效地提问

1 运用开放式与封闭式提问收集客户信息

开放式提问指提出比较概括、广泛、范围较大的问题,对回答的内容限制不严格,给对

方以充分自由发挥的余地;封闭式提问指提出答案有唯一性、范围较小、有限制的问题,对回答的内容有一定限制,提问时,给对方一个框架,让对方在可选的几个答案中进行选择。

在询问客户前期,汽车销售人员通过开放式提问,让客户展开话题,充分表露自己的想法和意见,从而收集大量的信息,必须掌握客户的购车愿望、购车目的、购买时间、现有车辆情况、个人状况等信息。具体采用5W2H法,即Why(为什么要做?)、What(做什么? 准备什么?)、Where(在何处着手进行最好?)、When(什么时候开始? 什么时候完成?)、Who(谁去做?)、How(如何做?)、How much(成本如何? 达到怎样的效果?)。值得注意的是,提出问题后要耐心等待客户的回答,也不能问太多的问题,否则会引起客户的反感。

在收集到足够的信息后,销售人员就可以封闭式提问来确定自己的判断和理解,从而将客户的需求不断地确定下来,最后就能确认哪个产品或服务能符合客户的需求。如"先生,我是否可以总结一下您的要求。您需要一款外形有特点、动力性强而又安全的车,这三方面是您考虑的重点,是吗?"

2 运用SPIN提问强化客户需求

开放式与封闭式提问仅仅是发现顾客的需求、满足顾客的需求,而需求分析的真正目的是要将客户的隐性需求开发成显性需求。因此,必须通过SPIN提问强化客户的需求。

S(Situation Questions),即询问客户的现状的问题,比如"您这个车是给谁开的""您现在用的是什么车""您驾龄多久了"。注意:现状问题不能多问,只问那些必要的、最可能出现的现状问题,两三个即可,否则会使客户产生一种反感和抵触情绪。

P(Problem Questions),即了解客户现在所遇到的困难问题,比如"是不是油耗比以前有点高了""是不是经常去维修厂,维修费用也上来了"等。注意:不能见到什么都问有没有困难,必须建立在现状问题的基础上,确保所问的困难问题是客户现实中的问题。

I(Implication Questions),即暗示或牵连性问题,对客户形成心理暗示,暗示他这个问题现在很严重了,不是他认为的是个小问题,必须得马上去解决了,不解决要给他带来很大的麻烦,让客户想象一下现有问题将带来的后果,并引发客户思考更多的问题。

N(Need Pay-off Questions),即告诉客户关于价值的问题,比如"这些问题解决以后会给你带来什么好处",让客户把注意力从问题转移到解决方案上,并且让客户感觉到这种解决方案将给他带来的价值。

案例:SPIN提问

销售人员:"先生,请问您驾龄多久了,现在用的是什么车?"(现状问题)

顾客:"哦,我去年才拿到驾照,现在开的是一辆二手捷达。"

销售人员:"捷达可是一款好车,提速快,省油,空调也不错,特别皮实。不知道您开着感觉怎么样?"(现状问题)

顾客:"捷达车是不错,就是车龄有点久了,大毛病没有,小毛病不断。"

销售人员:"车龄久的汽车小毛病是多一些,但是,质量好的还是耐用些,因此,您选车时质量可是关键,而且重要的是要适合自己的需求,在城里开手动挡的就是麻烦,自动挡的就方便多了,开起来省心,好操控。您说呢?"(难点问题)

顾客:"自动挡的是省事,但听说有点费油,而且维修也比手动挡的费用高吧?"(异议,担心)

销售人员:"您问到点子上了,对于老手来讲,自动挡的是比手动挡的油耗高一些,但对于新手来讲,由于操作不熟练,掌握不好换挡时机,其实手动挡更费油,而且容易造成对变速器的冲击。反正我学车那会师傅就老说我毁车。要是自家的车肯定舍不得。"(暗示问题)

顾客:"这倒是,驾驶习惯很重要。手动挡的掌握不好是容易毁车,而且也费油。我学车那会教练也总说,教练车就是坏得快。"

销售人员:"对于自己家用车来讲,动力够用就好,但是性价比一定要高,这样才划算。而且对于像您这样的白领人士,车子一定要够时尚,才能配得上您的品味。"(价值问题)

顾客:"是。"

销售人员:"好的。根据您的情况,我给您推荐一款1.6L自动豪华的悦动,刚刚上市的,也是我们店里卖得最好的。它采用的是最新调校的1.6L发动机,高效省油,应付日常使用足够了。关键是增加了许多人性化的配置,像一键式防夹电动窗,自动防盗落锁,特别实用,性价比相当高。这台展车就是,要不您这边请,我一边演示一边给您介绍。"

二 积极地倾听

1 集中精力,专心倾听

销售人员应该在与客户沟通之前做好多方面的准备,如身体准备、心理准备、态度准备以及情绪准备等。疲惫的身体、无精打采的神态、消极的情绪以及用来信手涂鸦或随手把玩的东西(如铅笔、钥匙串等)等,都可能让客户觉得不受尊重。

2 不随意打断客户谈话

随意打断客户谈话会打击客户说话的热情和积极性,如果客户当时的情绪不佳,而你又打断了他们的谈话,那无疑是火上浇油。所以,当客户的谈话热情高涨时,销售人员可以给予必要的、简单的回应,如"噢""对""是吗""好的",等等。除此之外,销售人员最好不要随意插话或接话,更不要不顾客户的喜好另起话题。例如:"等一下,我们的这款汽车绝对比你提到的那款汽车好得多……"

3 谨慎反驳客户观点

客户在谈话过程中表达的某些观点可能有失偏颇,也可能不符合你的口味,但是你要记住：客户永远都是上帝，他们很少愿意销售人员直接批评或反驳他们的观点。如果你实在难以对客户的观点做出积极反应，那可以采取提问等方式改变客户谈话的重点，引导客户谈论更能促进销售的话题，如："您很诚恳，我特别想知道您认为什么样的售后才能令您满意？"

4 用信号表明您有兴趣

可以用下列方式表明您对说话内容感兴趣。
(1) 保持目光凝视一点，不时与对方进行眼神交流。
(2) 让客户把话说完整并且不插话，表明你很看重沟通的内容。
(3) 点头或者微笑就可以表示赞同客户说的内容，表明你与说话人意见相合。
(4) 采用放松的身体姿态，表明你完全关注了他们的话。

5 及时总结和归纳客户观点

通过总结归纳，一方面可以向客户传达你一直在认真倾听的信息，另一方面，也有助于保证你没有误解或歪曲客户的意见，从而使你更有效地找到解决问题的方法。例如，"如果我没理解错的话，您更喜欢弧线形外观的深色汽车，性能和质量也要一流，对吗？"

6 检查您的理解力

检查自己是否听得真切，并且已正确地理解了信息有以下做法。
(1) 重复信息：把听到的内容用自己的话复述一遍，就可以肯定是否已准确无误地接收了信息。
(2) 提出问题：通过询问，可以检查自己对信息的理解，也能使说话者知道您在积极主动地聆听。

7 站在对方的立场

每个人都有自己的立场及价值观，因此，你必须站在客户的立场，仔细地倾听客户所说的每一句话，不要用自己的价值观去指责或评断对方的想法，要与对方保持共同理解的态度。

三 及时整理客户需求信息

通过提问和倾听，对客户的需求有了大致的了解，帮助客户填写一份《客户需求分析表》，见表2-3-1。

客户需求分析表　　　　　　　　　　　　　　　表 2-3-1

基本信息			
姓名：	性别：男　女	顾客行为类型：主导型　分析型　社交型	
联系电话：		E-mail：	
从事行业：	职业：	驾龄：	家庭情况：未婚　已婚　有小孩
兴趣爱好：			

保有车辆　　　　　（无）
车型：　　　　　　使用年份：　　　　　　排气量：
客户对保用车辆评价：
新购车用途：　家庭　　商务　　公务　　特种　　其他_____
购买者：　　　　　使用者：　　　　　决策者：
朋友/家人意见：
购买预算：　　　　拟购数量：　　　　购买时间：

关注车型
车型　　　　是否满意　　　不满意之处
1.
2.
3.

购车期望
配备:1.动力配备　　排量_____　　手动　　自动　　其他_____
2.安全配备　　ABS　　EBD　　双安全气囊　　倒车雷达　　其他_____
3.舒适配备　　天窗　　空调　　音响　　真皮　　其他_____
4.其他配备
因素排序：价格(　)　造型(　)　售后(　)　安全(　)　发动机(　)
油耗(　)　空间(　)　操控(　)　舒适(　)　其他(　)
建议车型：　　　　　　　建议原因：

任 务 书

车型_____ 小组成员_____ 小组编号_____

一、小组成员分配销售顾问和客户角色,进行客户需求分析情景模拟,情景自拟。

二、填写《客户需求分析表》。

客户需求分析表

姓名:	性别:男 女	顾客行为类型: 主导型 分析型 社交型
联系电话:	E-mail:	
从事行业:	职业: 驾龄:	家庭情况:未婚 已婚 有孩
兴趣爱好:		

保有车辆 (无)		
车型:	使用年份:	排气量:
客户对保有车辆评价:		

新购车用途: 家庭 商务 公务 特种 其他_____
购买者: 使用者: 决策者:
朋友/家人意见:
购买预算: 拟购数量: 购买时间:

关注车型

	车型	是否满意	不满意之处
1.			
2.			
3.			

购车期望

配备:1.动力配备　排量_____　手动　　自动　　其他_____
　　　2.安全配备　ABS　　EBD　　双安全气囊　倒车雷达　其他_____
　　　3.舒适配备　天窗　　空调　　音响　　真皮　　其他_____
　　　4.其他配备
因素排序:价格(　)　造型(　)　售后(　)　安全(　)　发动机(　)
　　　　　油耗(　)　空间(　)　操控(　)　舒适(　)　其他(　)

建议车型: 建议原因:

第四章 产品说明

 学习目标

本章旨在通过学习产品说明的相关内容,使学生掌握产品说明的流程及技巧。

 任务描述

本章共四项任务:
(1)掌握汽车产品说明的流程和技巧;
(2)掌握车辆六方位介绍资料的准备方法;
(3)掌握FAB陈述方法;
(4)可独立完成六方位绕车。

 学习引导

本章学习可以采用以下顺序:

引出任务 → 分小组(2人/组)、选定车型 → 学习相关内容 → 完成任务书

 第一节 产品说明的流程

产品说明的流程见图 2-4-1,客户服务标准有以下内容。

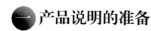 **产品说明的准备**

(1)展车按标准设定和维护。
(2)展厅内资料架上每一车型准备 10 份以上的产品单页,随时补足,便于客户取阅。
(3)掌握产品知识,能熟练进行六方位产品说明。

(4)了解竞争产品信息,例如价格、配备、特性等,掌握产品的对比优势。
(5)在销售工具夹内准备主要的产品和竞争车型资料,便于向客户展示说明。

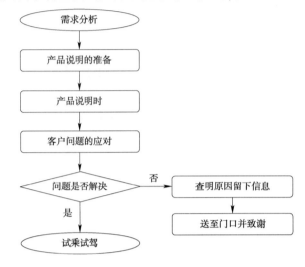

图 2-4-1　产品说明的流程

二　产品说明时

(1)充分利用产品目录、销售工具夹内的产品资料作辅助说明。
(2)从客户最关心的部分与配备开始说明,激发客户的兴趣。
(3)使用 FAB 的介绍方法,避免过多的专业术语。
(4)创造机会让客户动手触摸或操作有关设备。
(5)注意客户的反应,不断寻求客户的观感和认同,引导客户提问。
(6)客户在展车内时,销售人员的视线不要高于客户的视线。
(7)销售人员指示车辆配置时动作专业、规范。
(8)在说明过程中爱护车辆,切勿随意触碰车辆漆面。

三　客户问题的应对

(1)在明确客户需求的基础上与竞争车型进行比较。
(2)强调产品的优势,避免恶意贬低竞争产品。
(3)若销售人员遇到疑难问题,可请同事配合,正确回答客户的问题。

四　产品说明结束时

(1)实车产品说明完毕后,引导客户至洽谈桌,提供饮料服务。

（2）口头总结产品特点与客户利益、客户需求,并在产品目录上注明重点说明的配备。

（3）留下销售人员的联系方式或附上名片。

（4）邀请客户试乘试驾。

（5）客户离去后,及时整理和清洁展示车辆,恢复原状。

第二节　六方位绕车介绍

六方位绕车介绍是指销售人员围绕汽车的车前方、车右方、车后方、车左方、驾驶室、发动机舱六个方位向客户展示和介绍汽车(图2-4-2)。

图2-4-2　六方位绕车介绍法

一、1号位(车前方)

销售人员引导客户站在车正前方,上身微转向客户,距离30cm,左手引导客户参观车辆。

1号位是最容易看清车辆特征的角度,是留给客户第一印象的位置,也是客户最感兴趣的地方。当销售人员和客户并排站在汽车的正前方时,客户会注意到汽车的标志、保险杠、前车灯、前风窗玻璃、汽车的高度、汽车的接近角等。

销售人员在这个时候要做的就是让客户喜欢上这辆车。通常可以在这个位置向客户做产品概述,注重描述整体品质、造型设计特点。值得注意的是,不要向客户讲太多的技术参数,要应用言语给客户描述出一幅幅美丽壮观的画面,让客户喜欢上这辆车。比如,介绍捷豹XJ车系的车型时,可以这样说:"捷豹轿车一贯表现优雅而经典,周身流淌着高尚的贵族血统,耐人寻味。看,由车头灯引出的四条拱起的发动机舱盖线条、大型的镀铬进气栅格、四个圆形头灯都延续了XJ车系的传统,品质自然出众。车头看起来蛮精致、蛮漂亮的,是吧?"还可以趁机讲讲关于捷豹轿车车标的故事,强调你所销售的车子与众不同的地方。

二、2号位(车右方)

销售人员引领客户站在汽车的右侧,对汽车的侧面外观、车身腰线、侧面防护、悬架、轮胎、制动系统、门把手及其设计、车厢安全设计等进行介绍。由于买车的客户最关心的还是安全,因此销售人员要注重描述车辆安全特点,如车门防撞钢梁、独立悬架、车身结构、车身材质、轮胎、油箱等。

介绍2号位时,营销人员要特别关注客户体验,可以让客户听一听钢板的厚实或轻薄的声音,看一看豪华舒适的汽车内饰,摸一摸做工精致的仪表盘,感受良好的出入特性以及侧面玻璃提供的开阔视野,体验一下宽敞明亮的内乘空间,从而将客户的需求与汽车的外在特性对接起来,发掘客户的深层次需求。

三、3号位(车后方)

销售人员站在车的背后,距离约60cm。从行李舱开始,依次介绍高位制动灯、后风窗加热装置、后组合尾灯、排气管等。

3号位是一个过渡位置,但汽车的许多附加功能可以在这里介绍,如后排座椅的易拆性、后门开启的方便性、存放物体的容积大小、汽车的尾翼、后窗的刷水器、备胎的位置设计、尾灯的独特造型等。由于刚刚走过汽车左方的时候过于关注体验,或许忽略了一些问题,销售人员要征求客户的意见,给他们全面地介绍后仔细地答复。

四、4号位(车左方)

销售人员带领客户从车尾来到车子的正左方,邀请客户打开车门、触摸车窗、观察轮胎、坐到乘客的位置,主要介绍后排座的空间及舒适性。

介绍4号位时,销售人员要注意观察客户喜欢触摸的东西,告诉客户车子的装备及其优点,让客户做一番审慎的衡量,同时认真回答客户的问题,但是要恰到好处地保持沉默,不要给客户一种强加推销的感觉。

五、5号位(驾驶室)

销售人员先行开车门,鼓励客户进入车内,引导其入座。如果客户进入了车内乘客的位置,那么应该告诉其汽车的操控性能如何优异,乘坐多么舒适等;如果客户坐到了驾驶员的位置,那么应该向客户详细解释操作方法,如刷水器的使用、如何挂挡等。

5号位有很多汽车操控的功能键,主要讲解乘坐的舒适性和驾驶的操控性,最好让客户进行实际操作,同时进行讲解和指导,介绍内容应包括座椅的多方位调控、转向盘的调控、开车时的视野、腿部空间的感觉、安全气囊、制动系统的表现、音响和空调、车门等,从而发掘客户的深层次需求。

六 6号位(发动机舱)

销售人员在车头前缘偏右侧,打开发动机舱盖,固定舱盖支撑,依次向客户介绍发动机舱盖的吸能性、降噪性、发动机布置形式、防护底板、发动机技术特点、发动机信号控制系统。合上舱盖,引导客户端详前脸的端庄造型,把客户的目光吸引到品牌的标志上。

6号位是所有的客户都会关注的。销售人员可以把发动机的基本参数包括发动机缸数、汽缸的排列形式、气门、排量、最高输出功率、最大转矩等给客户做详细的介绍。但由于介绍发动机的技术参数时需要比较强的技术性,因此,在打开发动机舱盖的时候,最好征求一下客户的意见,询问是否要介绍发动机。对于懂汽车的客户,不要说得过多。对于不懂的客户,只要能说出发动机是由哪家汽车生产厂家生产的、动力性能如何即可,至于汽车油耗方面的问题,可以介绍如何节省燃油并推荐一些节油的方式。

第三节 产品说明的技巧

一 针对客户需求介绍

不同的客户,需求不同,关注的内容也不同,这就要求销售人员在向客户推荐、介绍汽车之前,必须弄清客户的需求,有针对性地进行推荐和介绍。结合汽车消费者行为,不同客户的介绍重点见表2-4-1。

针对不同客户的介绍重点　　　　　表2-4-1

客户的类型	介绍的重点
女性	汽车的安全、大存储的空间、时尚的造型、内饰、优惠的价格
男性	汽车刚毅的造型、功率、速度、越野、转向
工薪阶层	汽车的价格、油耗、维修费用、实用性
白领阶层	汽车的造型、色彩、新概念、价格
成功人士	豪华、舒适、加速性能、越野性能
熟悉汽车的客户	汽车的发动机功率、转矩、气门数量、其他新技术
不熟悉汽车的客户	汽车的外观、内饰、仪表盘、灯具

二 FAB陈述

产品特性、优势还无法保证客户采取行动,只有那些令客户产生冲击的利益,才会令客户采取购买行动。这就要求销售人员通过"因为(F),所以(A),对您而言(B)"的陈述,让客户理解各项配备和车辆特性所带来针对他自身的利益,加强对产品的信心(图2-4-3)。

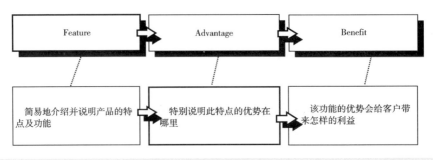

图2-4-3　FAB陈述的展开方式

 案例:FAB陈述

假如汽车销售人员发现客户的特殊需求是:经常开车到各地洽谈业务,有时需要在车上过夜或较长时间的休息。那么,汽车销售人员可以先陈述(Feature)——前排座椅可以进行12种方式的电动调节,可以调节座椅的扶手、靠背和头枕角度及方向,并有记忆功能。然后陈述(Advantage)——车子的座椅可以180°平放,方便休息。接着陈述(Benefit)——当您长途驾驶感到疲劳,想要休息片刻时,您能很舒适地躺下,美美地睡上一觉,或者在车里小憩片刻,让您迅速解除疲劳,精神百倍。

三 重视横向对比

销售人员在向客户介绍汽车时,客户通常会拿市场上其他同类型的汽车进行横向对比。这就需要销售人员运用"强化优势,弱化不足"的说服技巧来提升自己产品在客户心目中的地位。

在强化优势时,销售人员应做到以下两点:第一,千万不要显示出对竞争对手的不屑与轻视,否则会引起客户的反感;第二,提供公正的数据和科学的分析方法,引导客户从汽车制造商、汽车销售商、汽车产品三方面做出比较判断,让客户自己产生对竞争产品的排斥。

在弱化不足时,销售人员应做到以下两点:第一,尽量说明汽车的优点,让客户遗忘汽车的不足之处;第二,如果只有一项缺点被客户发现,就应予以承认,并用相应的优点去掩饰。如,客户提出进口车比国产车贵,销售人员就应予以承认,同时用进口车的使用年限较长和折旧率较低两项优点来掩饰。如果有两项及其以上的缺点被客户发现,就必须避重就轻,承认细微的缺点。

四 引用旁证材料和例证

对销售人员的介绍说明产生怀疑是客户本能的反应,这就要求销售人员引用旁证材料和例证增强对客户的说服力。

客观的旁证材料是最有力,主要包括报纸杂志对本车的评价、大众媒体的调查评比结果、权威机构发布的销售排行榜、汽车资深人士对该车试驾的感受等。

引用旁证材料的时候,恰当的举例说明往往更容易说服客户。必须注意:①例证要切题,不能牛头不对马嘴;②例证的分量合适,不能没完没了;③例证要真实、具体、生动、有趣,切忌胡编乱造、笼统概括、枯燥无味。

五 合理使用专业术语

在介绍汽车时,难免涉及很多专业术语,这就要求销售人员根据客户开门、开发动机舱盖、入座、摆弄设备及试车的熟练程度等,判断他的驾龄长短,然后有针对性地对使用专业术语。

如果是驾龄较长的客户,销售人员必须采用专业术语,不能使用过多的非专业性的语言。否则,客户会觉得你缺乏专业知识,大多数情况会故意较真儿。

如果是驾龄较短的客户,销售人员必须使用平白的语言,尽量减少使用专业术语。否则,客户不能明白你的意思,自然就不会产生购买汽车的欲望。

六 调动客户参与

在推荐、介绍汽车过程中,客户的参与程度将直接影响购买决策。这就要求营销人员积极调动客户,使其充分地参与。以下是具体实施技巧。

1 鼓励顾客提问

在整个介绍过程中应经常确认客户对所介绍的特性与优点是否理解,当客户发表意见的时候,要认真地倾听,不仅有利于取得客户信任,还可以从中了解到客户理解和接收信息的程度如何,便于收到反馈信息、促成交易。

2 鼓励顾客动手

尽量让客户亲自操作,为客户开门请他入座、触摸、操作车辆的各种配备和部件,不仅帮助客户了解汽车的功能、特点,还能加深客户的印象。

3 引导客户感受

提供可以提供的任何辅助资料,诸如配备表、产品比较资料等。它们可以强化介绍效果。

4 寻求客户认同

在介绍产品本身价值的同时介绍经销商及专营店,使客户认同其服务的价值,如"我们拥有最先进的维修设备""我们在周末也开门营业"等。

任 务 书

车型_____ 小组成员_____ 小组编号_____

一、对车辆介绍信息按六方位进行总结。

二、将主要车辆信息转化为 FAB 陈述。

三、小组成员分配销售顾问和客户角色,进行六方位绕车介绍情景模拟。

第五章 试乘试驾

 学习目标

本章旨在通过学习试乘试驾的相关内容,使学生掌握试乘试驾的流程及其技巧。

 任务描述

本章共五项任务:
(1)掌握车辆试乘试驾的流程和技巧;
(2)掌握车辆试乘试驾路线规划方法;
(3)掌握车辆试乘试驾体验项目设计方法;
(4)熟悉车辆试乘试驾过程常见话术;
(5)可独立完成试乘试驾。

 学习引导

本章学习可以采用以下顺序:

引出任务 → 分小组(2人/组)、选定车型 → 学习相关内容 → 完成任务书

 第一节 试乘试驾的流程

试乘试驾的流程见图2-5-1,客户服务标准有以下内容。

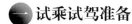 **试乘试驾准备**

1 车辆准备

(1)检查车辆各种手续文件。

（2）定期检查车辆维护与检测项目，确保车况处于最佳状态，油箱内燃油充足。
（3）确保车辆清洁。
（4）查看车内音响、收音机设定。

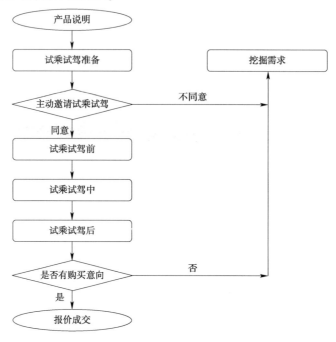

图 2-5-1　试乘试驾的流程

2 路线准备

（1）合理规划试乘试驾路线，灵活组织各种路况，以突显车辆的优势、避免车辆的劣势。
（2）在展厅内设置试乘试驾路线图示，随车放置试乘试驾路线图。

3 人员准备

（1）销售人员必须具有合法的机动车驾驶证。
（2）若销售人员驾驶技术不熟练，则请其他合格的销售人员驾驶，自己陪同。

二、试乘试驾前

（1）确认试乘试驾车辆可用。
（2）向客户做概述。
（3）询问客户是否愿意亲自驾驶。
（4）复印客户的机动车驾驶证或身份证。
（5）请客户签署《试乘试驾协议书》，见表 2-5-1。

试乘试驾协议书 表 2-5-1

车辆提供			
试乘试驾车型		牌照	
试乘试驾路线		试乘试驾时间	
顾客姓名		身份证号	
电话(手机)		地址	

_____(销售服务店):

　　本人保证在本次试乘试驾过程中,严格遵守一切交通法律法规以及贵公司的安排和规定。注意行车安全,文明驾驶,确保行人和车辆安全。否则,本人愿意独自承担由此所造成的一切经济损失和法律责任。

试乘试驾人员(签名):_____

销售顾问(签名):_____

日期:_____

附:保证人机动车驾驶证复印件(请复印于本表背面)

(6)确认和说明试乘试驾路线。

(7)向客户解释车辆操控装备和操作方法。

三 试乘试驾中

1 客户试乘时

(1)首先由销售人员驾驶。

(2)客户多人参加,请坐到后排。

(3)请客户坐好,系好安全带。

(4)给客户做示范驾驶。

(5)给客户做动态性能说明。

2 与客户换手时

(1)行驶一段距离,到达预定换乘处。

(2)选择安全的地方停车,并将发动机熄火。

(3)取下钥匙,由销售人员自己保管。

(4)帮助客户就座,确保客户乘坐舒适。

(5)提醒客户调整后视镜、系好安全带。

(6)请客户亲自熟悉车辆操作装备。

(7)销售人员请客户再次熟悉试车路线。
(8)再次提醒安全驾驶事项。

3 客户试驾时

(1)让客户自己体验车辆性能,销售人员提醒体验重点。
(2)观察客户的驾驶方式,发掘更多的客户需求。
(3)若客户在试驾过程中有危险动作,且不听陪同人员劝告的,销售人员应果断终止试驾。

四、试乘试驾后

(1)确认客户已有足够时间体验车辆性能,不排除再度试乘试驾的可能性。
(2)适当称赞客户的驾驶技术。
(3)引导客户回展厅,总结试乘试驾体验,填写《试乘试驾意见表》。
(4)寻求与客户的共识。
(5)适时进行交易促成。
(6)待客户离去后,填写《意向客户跟进表》,注明客户的驾驶特性和关注点。

第二节 试乘试驾的技巧

一、避免和化解试乘试驾中的风险

试乘试驾过程中蕴藏着诸多的风险,必须做到安全第一。销售人员可以通过以下措施避免和化解风险。

1 要责任到位

在试乘试驾前,销售人员必须确认客户是否有机动车驾驶证。对于无机动车驾驶证者要婉言拒绝,对于有机动车驾驶证者要求签署《试乘试驾协议书》,作为发生意外时车辆损失赔偿的依据。销售人员在客户签字前,应详细给客户讲解协议所包含的内容,并强调如果违反规定驾车造成后果的严重性,让客户在心理上重视《试乘试驾协议》的重要性,而不是简单地一签了之。另外,销售人员要与试乘试驾者多聊聊,了解试驾人员对车辆的熟悉程度,驾驶技术如何,从而做到心中有数,未雨绸缪。

2 要讲解到位

试乘试驾前,不管试驾人员是否有驾驶经验,销售人员一定要向试驾人员详细讲解试驾车型的操作方法以及试乘试驾路线。因为即便是个老手,对一款新车仍有个熟悉、了解、适应的过程,更何况试乘试驾的还有相当部分是新手。

3 要提醒到位

客户坐到驾驶座上后,销售人员必须提醒客户先完成座椅调整、转向盘调整、后视镜调整以及系好安全带四项工作才能起动汽车。在驾驶过程中,销售人员要在副驾驶座上全程监护,适时提醒行驶的路线和交通规则,时刻纠正试驾人员可能出现的不正确的驾驶方式,出现紧急情况时,要帮助试驾人员做出正确的处理。

4 要救护到位

万一出现安全事故,要立即停车熄火检查情况。销售人员首先务必保留现场,并立即向公安交通管理部门报案,内容包括出事地点、时间、是否有伤亡、大致经过等,若有人员受伤,采取合理的自救措施,并尽快将伤者送医急救。随后向保险公司报案,对车辆损伤进行取证,以便明确责任认定进行定损理赔。

● 二、引导客户体验性能优势

试乘试驾是车辆展示与介绍的延伸,是带给客户关于车辆最直接、全面的感官冲击和真实的细节体验。销售人员要结合车辆的性能优势,设计体验项目,引导客户综合感观体验车辆的优点,转移客户关注车辆的弱点。

以全新迈腾为例,结合产品特性,凸显"创新、豪华的德系高级轿车"定位,体验项目见表2-5-2。

全新迈腾试乘试驾体验项目　　　　　　　　　　　　　表2-5-2

编号	体验项目	体验内容
1	车外静态展示	无钥匙进入功能带来的高档感觉
2	车内静态展示	外后视镜自动展开、一键式起动、多功能行车电脑及10向电动座椅调节使用的方便性和豪华感
3	原地起步加速	起步加速的动力性、异常舒适的加速体验
4	城市工况超车	超车加速性能和加速响应速度
5	高速行驶	ACC自适应巡航(3.0L)、高速巡航的稳定性、发动机工作状态、车辆密封隔音性能、超速报警功能
6	连续转弯	优化PQ46柔性后轴、铝副车架、EPS、ESP、悬架抗侧倾能力、座椅的包裹性能、转向照明功能
7	紧急制动	制动效能、制动方向稳定性、EPB、Auto hold、车辆制动抗点头能力
8	坏路通过	优化PQ46柔性后轴、铝副车架、悬架的舒适性、方向稳定性、车身刚度、底盘装甲
9	倒车入库	Park Assist十探头智能泊车辅助系统、Rear Assist后视影像系统、OPS模拟可视泊车系统

销售人员在客户试驾体验时应以精简交谈为原则,尽可能地让客户专心感受车辆操控特点。每体验完一个项目时,销售人员要设置封闭性的问题询问客户感受,对积极的感受要加以适当认同并加深客户的认可,对有异议的环节要及时给予回应,但言辞应给客户以客观的感觉。

三 巧用话术来促成交易

销售人员在执行试乘试驾流程的时候,一定要巧用话术让客户参与和确认,适时促成交易。

1 邀请客户试乘试驾的参考话术

通常,试乘试驾的客户最后成交的概率会大些。因此销售人员要巧用话术,主动邀请客户试乘试驾,为后续成交作为铺垫。

 案例:邀请客户试乘试驾话术

销售人员:"先生,刚才我给您详细地介绍了这款车的功能。怎么样?感觉还不错吧?"

销售人员:"实际上,这款车还有很多功能在静态下是无法给您演示的,要在开的过程中才能体验。您想,毕竟买车是件大事,自己开过才能真正放心啊,对吧?"

销售人员:"您看,在展厅外面刚好停了一辆和展厅里的一模一样的试乘试驾车。今天正好我有空,让我们一起去感受一下这款车吧。"

当客户表示现在不方便,没有接受邀请时,销售人员要表示没有关系,并询问何时方便试乘试驾。

销售人员:"那没关系,您再安排个时间。您看这两天您有空吗?到时我陪您试乘试驾。"

销售人员:"那好,后天上午我给您打个电话确定时间,到时您好好感受一下这辆车的性能。"

销售人员:"先生,您好,欢迎您再次光临!您先这边坐,我给您倒杯茶。麻烦您把机动车驾驶证借我用一下。试驾前您要填一个试驾承诺书,我们需要复印一下您的机动车驾驶证。"

销售人员:"先生,让您久等了,手续办好了,您这边请……"

2 试乘试驾前的参考话术

试乘试驾前,销售人员要通过适当的话术拉近与客户的距离。

案例：试乘试驾前话术

销售人员："先生，您在这稍等一下，我去把车给您开过来。"（销售人员过去把试驾车开到客户跟前，下车，为客户把副驾驶室门打开）

销售人员："先生，欢迎一起来感受一下××车。为了让您更好地体验，我们将为您提供 15～20min 的试乘试驾，这段时间里我将全程陪同您领略一下××车的风采，整个流程首先是试乘前的重点介绍，这些配置对您以后来说非常重要，因为您随时都可能用到。然后是我先为您开车，您主要体验一下××车的舒适和空间给您带来的享受。然后是换过来您亲自驾驶，体验一下××车的动力、操控和安全配置，路线就是从×××到×××路程大约××km。您放心，我会给您提供足够的时间去试驾，让您充分地体验××车的动力操控性能。"

销售人员："先生，请问您喜欢什么样的音乐？我们这里有几盘 CD，您可以挑选一下。"

销售人员："我来设置一下导航线路，起点……终点……，设好了。空调的温度您觉得行吗？"

销售人员："请系好安全带，我们准备出发啦！"

3 试乘试驾时的参考话术

试乘试驾时，销售人员要结合体验项目，巧用话术，及时询问客户的体验效果，留意客户的反应情况。这里仍以全新迈腾为例，见表 2-5-3。

全新迈腾试乘试驾时的参考话术表　　　　　　表 2-5-3

体验项目	参考话术
车外静态展示	先生/女士，欢迎您来试乘试驾全新迈腾，全新迈腾装备了无钥匙进入功能，带上钥匙您只需拉动前门把手即可将车门打开。您试一下吧，是不是觉得特有范儿，也很方便啊
车内静态展示	先生/女士，全新迈腾的仪表是不是非常漂亮？而且功能很全哦，您看，现在显示表明我这侧车门没有关严……全新迈腾采用全新的 12 键多功能转向盘，非常高档，您摸摸看，是不是手感特好？而且功能设置很容易掌握，您只需按提示来就行了……由于外后视镜具有自动展开功能，您会感受到它的尊贵与高档。座椅软硬适中，非常舒服，而且具有 10 项电动调节和 3 组记忆功能，可以将最适合您和您家人乘坐的 3 组座椅位置记忆在钥匙中，更加使您感到高档方便。全新迈腾还装备一键起动功能，带上钥匙您上车后只按下此按钮，车便可起动，方便吧
原地起步加速	先生/女士，现在我们一起体验全新迈腾原地起步加速能力吧！这个项目是测试一部车的动力性能和加速平顺性的最好方式，一部好车在加速过程中，会感觉到明显的推背感，并且在加速的过程中根本感觉不到换挡，非常顺，同时，您也可以感受到座椅的优异包裹性能……您感觉到明显的推背感了吧！全新迈腾采用 2.0TSI + DSG 变速器动力输出比宝马 5 系、3 系采用的 6 缸发动机至少高 10.7%，加速感觉更好，等一会，您开的时候一定要小心，这部车很有劲，0～100km/h 加速只有 8s……换挡平顺，假如不看转速表的话，几乎感觉不到它在换挡，发动机和变速器配合非常好。全新迈腾的座椅不仅材质高档，而且采用全新一代安全头枕，加速时，感觉非常舒服吧

续上表

体验项目	参考话术
城市工况超车	先生/女士,全新迈腾60~100km/h加速时间只有4.5s,也就是喘口气的时间,出于安全考虑,这次,我们只从40km/h加速到80km/h,您体验一下,请坐稳扶好。您感觉到明显的推背感了吧?全新迈腾超车性能非常好,提速减速特别灵活,您说是吧
高速行驶	先生/女士,前面的路况比较好,现在我们把车速加到80km/h左右,体验一下全新迈腾自适应巡航及高速稳定性和静音效果。在30~150km/h范围内,保持设置车速同时,根据雷达探测信息,自动调整车速,如果和前面车辆有追尾危险,自动向驾驶员发出声光报警信号,提醒驾驶员主动介入,假设前面的车辆减速,我们的车也会自动随之减速,是不是很方便很安全啊?使用时油耗也较低,比较经济,我一般只要有机会就用,过一会,您也试试吧!全新迈腾拥有流线外观设计以及运动与舒适完美统一的悬架系统……所以,高速表现得非常稳定,是不是没有发飘的感觉?您一定注意到车内非常安静,全新迈腾采用10项先进的隔音技术,隔音性能非常出色……您听到一个报警声了吧,这是提示车速已经超过了限速,是不是不必担心超速了啊
连续转弯	先生/女士,前面有一段连续的弯道,我们来体验一下全新迈腾的弯道表现。开全新迈腾过弯会变成一种很享受的驾驶乐趣,您有没有感觉到全新迈腾在进弯、过弯和出弯的时候都非常准确和干净利索,不仅没有丝毫侧滑的感觉,并且方向非常精准!这正是EPS和ESP共同作用的结果,其他同级车是没办法做到这一点。全新迈腾的四轮独立悬架有着非常好的操控稳定性,优化PQ46柔性后轴+铝副车架保证了您优异的驾乘感受。刚才过弯时,侧倾被控制在了最小的范围内,座椅侧面包裹效果也非常好,我们并不感觉有多大晃动,将来您或您家人在驾驶全新迈腾转弯时,也同样如此。全新迈腾配备AFS双氙气大灯,弯道照明效果如何啊?还可根据外界亮度、下雨、车速智能开启关闭哦
紧急制动	先生/女士,前面这段道路非常平直,而且没有其他车辆、行人和障碍物,我将向您演示全新迈腾的紧急制动性能。您注意到没有,在紧急制动的时候车辆行驶的方向仍然非常稳定。全新迈腾的底盘悬架非常扎实,而且是235/45R17的宽胎,标配有制动盘除水和胎压监测功能,制动过程中,基本不点头我们的身体也没有离开座椅,座椅的抗滑性和包裹性非常出色,即使在雨雪天,制动距离也非常短,非常安全,您说呢?全新迈腾的制动有双保险,标配EPB,即使百公里时速按住EPB也能轻松将车刹住,标配AUTO HOLD无论上坡下坡,车停稳后无须一直踩制动,也能稳稳停住,如继续行驶踩加速踏板即可,如下车,只要解开安全带(打开车门,熄火)就会自动切换到EPB将车稳稳停住,是不是安全又方便

续上表

体验项目	参考话术
坏路通过	先生/女士，前面有一段正在施工的碎石不平道路，我将要演示的是全新迈腾通过坏路时的乘坐舒适性。全新迈腾的悬架采用久负盛名的独立悬架系统，全部升级为柔性后轴和铝副车架，并进行了精心调校，能很好地兼顾高速剧烈行驶的操控稳定性和通过这种坏路的舒适性，转向盘几乎不抖动，方向非常稳定。全新迈腾的车身刚性也非常好，刚才通过那段坏路时，您是否注意到，全新迈腾不会像有些车那样发出吱吱嘎嘎的异响。全新迈腾底盘外使用了PVC材料和护板形成的底盘装甲，内部使用了高品质减振材料，您看，刚才路面有很多碎石，根本没有听到像其他车出现的碎石敲打底盘的声音，够优秀吧
倒车入库	先生/女士，我们现在把车开回展厅，在那里一起体验全新迈腾倒车时的便利性吧！您看，车速在40km/h以下，横向距离在0.5～1.5m以内只要按一下PLA键车辆就会自动寻找车位，当行车电脑显示有合适车位时，只要挂倒挡，踩加速踏板就会在15s内将车轻松停好，同时，倒车影像在挂倒挡时自动开启，您可以根据喜好和实际情况选择驻车模式1、2或模拟倒车，是不是非常方便非常高档啊？如果您需要直接向后倒车，也可以根据喜好和实际情况选择驻车模式1、2或模拟倒车的任何一种，如果倒车后还需要将车向前移动一下，显示屏将自动切换到前模拟驻车显示状态，非常方便哦

4 试乘试驾后的参考话术

试乘试驾后请客户进展厅。进入展厅后，销售人员可以接着与客户交谈，让客户参与、确认，逐项提示后，客户的疑虑被打消了。在此期间，要善于抓住客户成交的信号，适时促成成交。

 案例：试乘试驾后话术

销售人员："先生，您的驾驶技术很不错，有点累了吧，请坐，我给您倒杯茶。"

销售人员："对了，这是我们的《试乘试驾反馈表》，要麻烦您填一下。"

销售人员："您对我今天的服务还满意吗？"

销售人员："您对我们今天安排的试乘试驾活动满意吗？"

销售人员："××车动力操控性能很出色吧？"

销售人员："××车内部空间与HK音响还能符合您的期望吧？"

销售人员："××车油耗您可以接受吧？"

销售人员："××车安全性能放心吗？"

销售人员："您是否觉得这辆车跟您的气质很相符？其实挑选一台中意的汽车很不容易。"

销售人员："那总的来说，您对产品应该没什么问题了吧？"

销售人员："这周公司正好在搞促销活动，您就订一款黑色的，公司会……"

通常客户不会马上成交，销售人员要表示理解，并询问什么时候办理手续，争取早日成交。

销售人员:"好的,没关系!过一两天您来展厅我为您开票办手续。您来时提前给我打个电话,我怕到时正忙着接待客户,让您久等可不太好。不瞒您说最近这段时间特别忙,因为来买××车的客户特别多,所以定车后一般要等一周以上才能提到车。今天算巧的还有一辆昨天那个客户定的,说明天来。如果您急的话,我把这辆车先给您留着,您看怎么样?今天您先付500元定金,这辆车您明后天来付了全款就可以开走了,不用再等了。来得早不如来得巧啊!"

销售人员:"先生,我们有一份试乘试驾小礼品送给您,留作纪念!"

销售人员:"好的,非常感谢您来我们公司试驾。"

销售顾问:"欢迎您再次光临,再见,一路顺风!"

任 务 书

车型_____　　小组成员_____　　小组编号_____

一、根据本车型的特点规划试乘试驾路线。

二、根据本车型的特点设计试乘试驾体验项目。

三、小组成员分配销售顾问和客户角色,参考试乘试驾各种话术,进行试乘试驾情景模拟。

第六章 报价成交

 学习目标

本章旨在通过学习报价成交的相关内容,使学生掌握报价成交的流程及异议处理、价格商谈和成交的技巧。

 任务描述

本章共四项任务:
(1) 掌握车辆报价成交的流程和技巧;
(2) 熟悉报价成交阶段常见异议及应对措施;
(3) 熟悉报价成交阶段常见异议处理话术;
(4) 可独立完成报价成交。

 学习引导

本章学习可以采用以下顺序:

| 引出任务 | → | 分小组(2人/组)、选定车型 | → | 学习相关内容 | → | 完成任务书 |

第一节 报价成交的流程

报价成交的流程见图2-6-1,客户服务标准有以下内容。

一 报价时

(1) 询问客户拟购车型以及付款方式、保险、精品、领牌办证等意向。

(2)根据客户的需求量身定做《报价单》,一式二份(一份递交客户,另一份则由销售部存档备查)。

(3)逐一向客户说明费用项目,务必让客户完全了解报价内容。

(4)主动推介周边服务,主要是保险、分期、精品等。

(5)向客户说明购车后续手续。

(6)适时总结产品的客户利益以及客户最感兴趣的部分,体现整体产品与服务的价值。

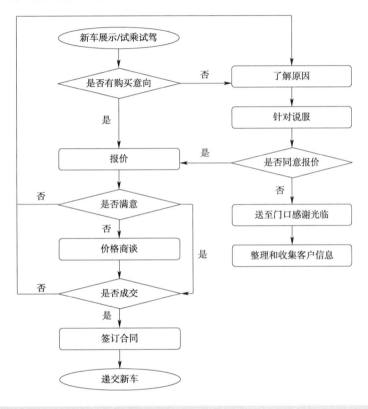

图 2-6-1　报价成交的流程

二、异议处理

1 客户犹豫不决时

(1)了解客户的疑虑,再逐一说明确认。

(2)考虑客户的立场,不对客户施加压力,给客户足够的时间及空间考虑。

(3)根据客户的需求,解决客户的疑虑,强调并说明产品及服务的优点。

2 客户决定不成交时

(1)表示遗憾,尊重客户的选择,给客户一定的时间与空间。

(2)根据客户基本资料,制订后续跟踪计划。
(3)请对方介绍潜在客户。

三 签订合同

(1)请客户确认报价内容。
(2)检查库存状况,合理安排交车时间,并取得客户认可。
(3)制作符合规范的《汽车买卖合同》,准确填写合同中的相关内容,字体端正,与销售经理确认合同内容。
(4)专心处理客户签约事宜,谢绝外界一切干扰,暂不接电话,保持对客户的关注。
(5)与客户确认所有合同细节,请客户签字后把合同副本交给客户。

案例:汽车买卖合同

汽车买卖合同

合同编号:＿＿＿＿＿＿＿＿＿＿＿

甲方(出卖人):＿＿＿＿＿＿＿＿＿＿　　　乙方(买受人):＿＿＿＿＿＿＿＿＿＿

甲、乙双方依据《中华人民共和国合同法》及其他有关法律、法规的规定,在平等、自愿、协商一致的基础上,就买卖汽车事宜,订立本合同。

第一条　品牌名称、型号、颜色、数量、金额

品牌名称	型号规格	颜色	甲方赠送配置	乙方选购配置	数量(台)	车辆单价(元)	车辆总价(元)

第二条　质量要求、技术标准

(一)甲方向乙方出售的车辆,其质量必须符合国家汽车产品标准,并符合出厂检验标准,符合安全驾驶和说明书载明的基本使用要求,符合××市人民政府关于尾气排放的标准。

(二)甲方向乙方出售的车辆,必须是经国家有关部门公布、备案的汽车产品目录上的产品或合法进口的产品,并能通过公安交通管理部门的检测,可以上牌行驶的汽车。

(三)双方对车辆质量的认定有争议的,以经国家授权的汽车检验机构出具的书面鉴定意见为处理争议的依据。

第三条　付款方式

签署本合同时,甲方收取乙方定金＿＿＿＿＿＿＿元,如乙方不履行约定则无权要求返还定金,甲方不履行约定的按法律规定应当双倍返还定金。定金可抵车款,但定金数额不得超过车款总额的＿＿＿＿＿＿＿%。

经甲、乙双方协商,乙方选择下述第＿＿＿＿＿＿＿种方式付款,并按该方式所定时间如期足

额将车款支付给甲方：

（一）一次性付款方式

_____年_____月_____日前，支付全部车款，计人民币_____元，大写：_____。

（二）汽车消费贷款方式

1. _____年_____月_____日前，首付全部车款的_____%，计人民币_____元，大写：_____；

2. 余款计人民币_____元，大写_____，于_____年_____月_____日前支付。

乙方可通过双方共同确定的金融机构办理汽车消费贷款支付余款。但如因乙方原因造成以下情况，视为乙方未按合同约定时间付款，应当向甲方承担违约责任：

（1）乙方未能在以上规定时间内办妥有关汽车消费贷款事宜(以实际发放贷款为准)；

（2）乙方未能在以上规定时间内足额办出贷款，且余额未按时自行补足支付。

（三）分期付款方式

1. _____年_____月_____日前，支付全部车款的_____%，计人民币_____元，大写：_____；

2. _____年_____月_____日前，支付全部车款的_____%，计人民币_____元，大写：_____；

3. _____年_____月_____日前，支付最后一期车款，计人民币_____元，大写：_____。

第四条 交车时间、地点及提车方式

（一）交车时间：_____年_____月_____日前。

（二）交车地点：_____。

（三）提车方式：乙方自提□ 甲方送车上门□ 经双方验收，签订车辆交接书。

第五条 车辆交付及验收方式

（一）车辆交接时当场验收，乙方应对所购车辆外观和基本使用功能等进行认真检查、确认。如有异议，应当场向甲方提出。

（二）乙方验收车辆无误后，甲方向乙方交付汽车及随车文件，双方签署车辆交接书，即为该车辆正式交付。

（三）自车辆正式交付之时起，该车辆的风险责任由甲方转移至乙方。

第六条 违约责任

（一）一方迟延交车或迟延支付车款的，应每日按照迟延部分车款_____%的标准向对方支付违约金。迟延超过一个月的，对方有权解除合同，并要求迟延方赔偿损失。一方难以履行合同的，可依法办理提存。

（二）在_____年_____月_____日前，甲方交付的汽车不符合说明书中表明的质量标准，乙方有权要求甲方承担无偿修复、补偿损失或减少价款的违约责任。

(三)经国家授权的汽车检验机构鉴定,乙方所购汽车确实存在设计、制造缺陷,甲方可依据国家关于召回的法律法规协助汽车制造商主动召回有问题的车辆;由车辆缺陷所造成的人身和他人财产损害,乙方可向汽车制造商要求赔偿,也可向甲方要求赔偿。如乙方选择向汽车制造商赔偿,甲方有积极协助的义务。若甲方对该车有特殊的使用要求时,应该明示告知,否则应承担相应赔偿责任。

第七条　不可抗力

(一)任何一方对由于不可抗力造成的部分或全部不能履行本合同不负责任。但迟延履行后发生不可抗力或发生不可抗力后没有采取补救措施和通知义务的,不能免除责任。

(二)遇有不可抗力的一方,应在_____日内将事件的情况以书面形式(含传真、电子邮件、手机短信等形式)通知另一方,并在事件发生后_____日内,向另一方提交合同不能履行或部分不能履行或需要延期履行理由的报告。

第八条　解决争议的方式

合同发生纠纷,甲乙双方应协商解决,也可向有关部门申请调解,协商或者调解不成时约定采取下列第_____种方式解决:

(一)向_____仲裁委员会申请仲裁。

(二)依法向人民法院起诉。

第九条　双方特别约定

经双方协商,甲方为乙方:

(一)代办保险□　　(二)代办按揭□　　(三)代办上牌服务□

代办上述服务双方另行签订委托服务协议书。

第十条　其他

(一)双方地址、电话若有改变,应在变更之日起_____日内书面通知对方,因一方迟延通知而造成损失的,由过错方承担责任。

(二)本合同的未尽事宜及需变更的事宜,双方应通过订立补充条款或补充协议进行约定。本合同的补充条款、补充协议及附件均为本合同不可分割的部分。

(三)本合同的金额应当同时以大、小写表示,大小写数额应当一致,不一致的,以大写为准。

(四)其他约定条款:_____。

第十一条　合同的生效

本合同自双方签字或盖章之日起生效,本合同壹式_____份,双方各执_____份。送_____份,具有同等法律效力。

甲方(签章):_____　　乙方(签章):_____

住所:_____　　　　　住所:_____

证照种类及号码:_____　证照种类及号码:_____

代理人:_____　　　　代理人:_____

联系电话:_____　　　联系电话:_____

签约日期:_____　　　签约地点:_____

注:1. 本合同文本是根据《中华人民共和国合同法》《中华人民共和国消费者权益保护法》和《中华人民共和国产品质量法》等有关法律法规制定的规范文本,印制的合同条款为提示性条款,供汽车买卖合同双方当事人参照使用,当事人在签约之前应当仔细阅读本规范文本的内容。

2. 出卖人应具有工商行政管理部门核发的营业执照,有机动车经营资格,且具有所销售车辆的所有权和代理销售权。

3. 本合同所称汽车是指由汽车销售企业出售的新车。

4. 经双方当事人协商确定,可以对本规范文本的条款内容(包括选择内容、填写空格部分的内容)进行选择、修改、增补或删减。□中选择内容以划"√"方式选定。合同中手写体与印刷体有异议或冲突时,以手写体为准;本合同与补充协议有异议或冲突时,以补充协议为准。

5. 本合同的纸制文本由××市工商局定点印刷单位印刷,未经同意,任何企业不得擅自印刷或改变格式和内容进行印刷。

6. 本合同条款由××市工商行政管理局××分局负责解释。

××市工商行政管理局××分局监制

成交后

(1)感谢客户订购产品。
(2)在签约到交车过程中,保持与客户的联系,避免订单流失。
(3)尽快确认交车日并跟踪进度,告知客户交车准备余款及办理事项。
(4)确认配送车辆后,提前通知客户准备余款,跟踪确认余款交纳状况直至完成。

第二节 异议处理的技巧

异议的原因及类型

异议指客户针对推销人员及其在推销中的各种活动所做出的一种反应,是客户对所推销产品、推销人员、推销方式和交易条件发出的怀疑、抱怨,提出的否定或反对意见。客户异议贯穿整个销售流程,不能成功处理异议,就不可能有成功的销售,也不可能有满意的客户。

客户产生异议的原因是多种多样的,主要有:竞争产品更便宜、认为不需要、作不了决定、比想象中的贵、不能信服、想讨价还价等。从客户提出异议的目的或意图角度,可将客户异议分为真实异议和虚假异议两大类。

1 真实异议

真实异议指客户表达目前没有需要、对产品不满意或对产品抱有偏见等。总结起来不外乎有误解、怀疑、不满三种。

(1)误解：指客户缺乏信息或者接受了错误信息。例如，"听说这款车老是爱出小毛病""这款车被召回过，是不是质量有问题"。

处理这类异议，销售人员可以先重复客户的误解，然后直接答复对方，以澄清误解、澄清关键问题。注意的是，采取委婉的纠正方法，不能直接指出客户的错误。

(2)怀疑：指客户对车辆的某种特性非常感兴趣，但是因信息不够，关系不熟，对销售人员所说的话并不全然相信，怀疑车辆是否真的具备这个优点。例如，"你很有说服力，但是它真的这样节省燃料吗？"

(3)不满：指客户对车辆的某种特性感到不满意，或者客户的需要不能充分被满足时，为了确保本次交易物有所值甚至物超所值，就会要求得到更好的销售条件。例如，"就这车的配置，卖10万太贵了。"

处理这类异议，销售人员应该先重复客户的误解，然后强调车辆或服务的优点、利益，以减少对方的不满。

2 虚假异议

(1)虚的异议：指客户为了获得解决异议的有利环境，将真正的异议隐藏，提出一些他们并不在乎的真的异议或假的异议。例如客户产生价格异议时，通常会从产品的品质、外观、颜色等方面提出异议，以降低产品的价值，而达成降价的目的。

处理这类异议，销售人员必须通过察言观色，不断地询问，了解到客户的真正意图，对症下药地解决。

(2)假的异议：指客户用借口、敷衍的方式应付营销人员，目的是不想真心介入销售的活动。有些客户本身不想买车，却装出好像很关心、很喜欢这辆车的样子，问这问那，但是一谈到实际问题他就提出异议开始躲避了。

处理这类异议，销售人员要通过需求分析来了解他的购买动机是真的还是假的，若多方面的信息证明他是假的，你就不要在他身上花那么多的时间。

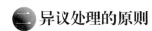 异议处理的原则

1 正确对待

异议是客户的必然反应，同时也是不可回避的。销售人员要处理好顾客异议，首先要对异议有正确的看法与态度，将异议看成是一个交易得以进行的信号、一个交易成功的机会；其次，应认真分析异议，通过察言观色，辨别异议的真假，找到产生的原因；然后针对不同的

异议,采取不同的策略,妥善加以处理;最后,消除异议,促成交易。

2 把握时机

对客户的异议不仅要给予一个比较圆满的答复,而且还得选择恰当的时机答复。一般来说,销售人员对客户异议答复的时机选择有以下四种情况。

(1)预先处理:对于常见的异议、客户一定会提到的异议,销售人员要事先有所准备。当从客户的表情、动作以及谈话的用词和声调上觉察到客户会提出某种异议时,最好在客户提出之前,就主动提出来并给予解释,这样可使销售人员争取主动,先发制人,从而避免因纠正客户看法,或反驳客户的意见而引起的不快。

(2)立即处理:绝大多数异议需要立即回答,尤其是对于客户重要关心事项的异议、处理后才能继续进程的异议、处理后立即能成交的异议等。这样,不仅表示对客户的尊重,还能促使客户购买。

(3)延后处理:有些异议,销售人员急于回答是不明智的,可以暂时保持沉默。此类异议主要有:模棱两可、含糊其辞、让人费解的异议;站不住脚、不攻自破的异议;超过了销售人员的权限和能力水平的异议;涉及较深的专业知识,解释不易为客户马上理解的异议;价格异议。

(4)不处理:还有一些异议,如无法回答的奇谈怪论、容易造成争论的话题、可一笑了之的戏言、明知故问的发难等,销售人员不需要处理。通常,可以采取以下技巧:

①沉默;装作没听见,按自己的思路说下去;
②答非所问,悄悄扭转对方的话题;
③插科打诨幽默一番,最后不了了之。

3 尊重客户

对于客户的异议,无论是对是错、是深刻还是幼稚,销售人员都不能表现出轻视的样子,如不耐烦、轻蔑、走神、东张西望、绷着脸、耷拉着头等。销售人员要双眼正视客户,面部略带微笑,表现出全神贯注的样子,而且语气委婉地对客户说:"让我给您解释一下……""您没搞懂我说的意思,我是说……""你有这样的想法,我认为这是可以理解的"等。

4 避免争辩

与客户争辩,失败的永远是销售人员。无论客户如何批评我们,销售人员永远不要与客户争辩,仅凭争辩是无法说服客户的。面对客户的异议,销售人员要表示认同和及时回应,可以先点头或是用简单的"我懂""很好"或"我了解"来赢得他的信任,使他感觉到和你有共同语言,然后再把他不知道或是没有提到的好处告诉他。

三 异议处理的方法

1 询问处理法

销售人员在没有确认客户反对意见的重点及其程度以前,直接回答客户的反对意见,势必会引出更多的异议。因此,可以通过对客户异议引导性的具体察问,把握住客户真正的异议点,了解到顾客内心的想法。

通常可以这样提问:"我可以问是什么理由吗""怎么才能让你信服呢""请告诉我,你心里究竟有什么想法""你心目中理想的汽车是什么样子呢"。

 案例:询问处理法

客户:"你们的产品是不错,不过,现在我还不想买。"
销售人员:"先生,既然产品很好,您为什么现在不买呢?"
客户:"产品虽然不错,可它不值10万啊!"
销售人员:"那您说说这样的产品应该卖什么价格?"
客户:"我觉得8万多。"

2 补偿处理法

当客户异议的问题确实存在,销售人员可以先承认产品的缺陷和不足,然后利用该产品的其他优点或长处对其补偿或抵消。这种方法应用非常广泛,而且效果很好。可以让客户获得心理平衡,让客户产生这样的感觉:感觉到产品的价格和价值是一致的;产品的优点对客户来说很重要,而产品的缺点对客户来说不很重要。

 案例:补偿处理法

客户:"这车的油耗太高了。"
销售人员:"是的,7.5L是有些高,但是它的发动机功率是80kW,与其他车相比,已经很省油了。"

3 否定处理法

当客户对企业的服务、诚信有所怀疑时,当客户引用的资料不正确时,销售人员必须直接否定,通过正确的资料佐证自己的说法,从而使顾客重新信任自己。值得注意的是:态度要诚恳友好,语气要缓和;对固执己见、气量狭小的顾客最好不用;如果异议是顾客个人的观点就不宜使用,对其本人提出了否定,只会促使他进一步固执己见。

 案例:否定处理法

客户:"我在别处听说这车的故障率很高。"
销售人员:"不可能,您肯定是遇见不诚实的销售人员了,他们是在诋毁这个牌子,急于销售自己的车。我们的产品平均故障率很低,您看这是消费者协会的认定书。"

4 转折处理法

正面反驳客户的异议,会引起客户的反感,甚至让客户恼羞成怒。因此,销售人员可以先表示理解客户异议,然后用事实和理由来否定顾客异议。值得注意,转折时不要用过于强硬的字眼,如"但是",否则会让顾客感觉你没有太多的诚意。通常可以这样回答:"是的……如果……"

案例:转折处理法

客户:"这车太贵了,我现在还没有那么多钱。"
销售人员:"是的,我想多数人都和您一样。如果我们配合您的收入情况,您先付一部分现金,其余的采用分期付款的方式,您支付起来就一点不费力了。"

5 类比处理法

当客户提出一些微妙的异议时,营销人员可以用比喻和类推的方法,指出采纳客户的异议可能带来的不良后果,而后静观其变。

案例:类比处理法

客户:"听说这款车在有的店里打9.5折。"
销售人员:"那可能是真的,但我们是为您提供的是百分之百的服务,难道您希望我们的服务也打9.5折吗?"

6 替换处理法

面对客户并不是十分坚持的异议时,销售人员可以转换概念,引进新的焦点,将客户对产品的反对意见直接转换成他购买的理由。通常可以这样回答:"这正是我认为您应该购买的理由……"

案例:替换处理法

客户:"这车美中不足的就是动力不强。"
销售人员:"这正是我认为您应该购买的理由,动力强肯定油耗大,您在城里工作,用不着大功率的车,可以大大降低油耗和维修成本。"

7 转移处理法

对于一些故意压价的客户和心境不好的客户,销售人员可以利用时间和场所的变换处理客户的异议。但要注意:销售人员要有沉着自若的态度,给顾客以信心坚定的感觉;时间不宜拖得过长,以免失去成交机会。

 案例:转移处理法

　　客户:"我告诉你,你再便宜一点我才买。"
　　销售人员:"这个我真做不了主,您稍等一下,我去问问经理。"
　　销售人员:"真是对不起,刚才那个价已经是最低价了。这样吧,为了表示诚意,我以我个人的名义送您一瓶香水,您看行吗?"

8 模糊处理法

当客户提出一些反对意见,并不是真的想要获得解决或讨论时,销售人员可以不急于对顾客异议进行正面解答或理睬,采取一带而过,迅速地引开话题。但应注意:要弄清顾客异议的性质,只有对假的异议才能采取这种方法;态度要温和谦恭,不能冷漠无情;要有宽容的精神,不计较顾客牢骚中话里带刺。通常使用的方法:微笑点头表示"同意""您真幽默""嗯!真是高见"。

 案例:模糊处理法

　　客户:"我最喜欢周杰伦了,你们怎么不找他拍个广告片呢?"
　　销售人员:"您真幽默!"

第三节　价格商谈的技巧

一　价格商谈的原则

1 准确认识价格商谈中的力量

力量是价格商谈过程中最本质的东西,谈判者都是根据双方对力量的判断来指导自己的行动的,如果你没有力量,技巧就毫无意义。谈判中双方力量的对比,完全取决于彼此的主观看法。

客户砍价是必然的,一定要沉着应对。许多销售人员由于对自己的产品认识和了解不足、对产品价值塑造不够、对竞争对手咨询和市场的动态咨询了解有限、缺乏专业的气势和自信心等原因,显然会对产品和价格没了底,认为客户唯一关心的就是价格,认为只有更高的折扣才会有售出机会,总是担心客户的拒绝和失败。这种情况下,销售人员在价格商谈中毫无力量可言,被客户砍价就在所难免。

因此,销售人员要努力提高自身价值,绝不在价格面前投降,始终保持价格的稳定性,不要害怕客户的暂时离开。这需要做到以下两点。

(1) 知己:要充分了解自己的产品、充分了解竞争对手咨询和市场的动态咨询,对自己对产品和价格有信心,通过专业的介绍和热情的接待,建立客户的舒适感,取得客户的信任和好感。

(2) 知彼:要充分了解客户的背景、购车经历、决策行为类型,针对客户的价格心理,运用各种处理方法,极具耐心地全力说服客户。销售人员要始终记住"客户要求进行价格商谈,意味着客户感兴趣,更意味着客户有成交的可能"。

2 正确区分客户询问价格和客户价格商谈

许多销售人员习惯于客户一进展厅就马上将销售价格抛出来,其结果是客户的注意力永远都集中在价格上,因为他还没有充分了解汽车的性能,还没有产生较强的购买欲望。实际上,客户询问价格并不等于客户在进行价格商谈,因此,销售人员要避免让客户开始价格商谈,更不能太早地将顾客导向价格商谈。

应对客户询问价格时,销售人员可以进行模糊回答,将客户的注意力从价格转向汽车的性能,激发客户对产品的购买欲望。比如,客户刚进店时就问"这车多少钱""能便宜多少",销售人员可以这样回答:"我们每款车都有一定的优惠,关键是要根据您的用车要求,我帮您参谋选好车,然后给您一个理想的价格;要不然,谈了半天价,这款车并不适合您,那不是耽误您的功夫嘛。"

3 准确把握价格商谈的前提条件——取得客户的"相对购买承诺"

客户如果没有承诺当场签单付款,销售人员不要进行实质性的"价格商谈",不要受顾客的胁迫或诱惑,如"底价你都不肯报,我就不到你这里买了""你价格便宜,我下午就过来订",否则,成为牺牲品几乎是注定的。因为客户将拿你的底价再去压低其他经销商给出的价格,或下次再来的时候在本次的基础上再压低。怎么办呢?如果是还没有最终确定车型的客户,可以让客户考虑成熟了再过来订车,如"我这两天再提供一些信息和资料给您参考一下,您比较一下,定下来买我们这款车后,您过来订车,我保证给您最优惠的价格";如果是已经确定了车型,但要比较几个经销商的价格的客户,可以给客户一个优惠价格承诺,如"保证您满意我们的价格""除了价格让您满意之外,我们还有这么好的售后服务"等。

客户如果承诺当场签单付款,如"你价格合适,我今天就定下来",销售人员要判断客户是否具备了签单付款的条件,确认客户承诺的可信程度。如果不具备,那么客户的承诺很可能是虚假的,也不能进行价格商谈,只有确认顾客的承诺是诚心的,才是开始价格商谈的时候。

4 避免对抗性的谈判

如果客户一开始就反对你的说法,甚至对你发脾气,千万不要与其争辩,不可造成对抗的氛围,要始终把焦点集中在谈判的议价上。客户表面上对你生气,事实上可能代表着一笔更大的生意,而当你生气且失去控制时,一定会输掉这场谈判。面对客户的敌意,销售人员要多使用"了解、我明白、我同意、感受到、发现"等字眼进行化解,不断关心顾客的需求,让顾客感觉到"我要帮你买到最合适你的车",而不是"我要你买这款车,我要赚你的钱"。

二、价格商谈的技巧

1 顺向报价

顺向报价指销售人员提出比自己真正想要的价格还要高的价格。这种报价方法,有以下好处。

(1)一旦能以这个价格成交,可以获得较高的利润。

(2)可以提升产品和服务的价值感。销售人员对客户出示价格时,客户就会不自觉地在心中替这一汽车贴上一个潜意识价值标签。

(3)给自己一些谈判的空间。销售人员提出的价格只可能向下修正,永远不会有向上调涨的时候。

(4)给客户一些还价的空间,避免产生僵局。客户砍价是必然的,就算你报的是最低价,客户照样还会还价。

(5)让客户觉得赢得了谈判。销售人员报出高价后,客户必然要求要求降低价格,一旦降价,客户就会觉得他获得胜利。只要销售人员能够把握客户的满足心理,往往能够促使交易成功。

销售人员在顺向报价时,要注意掌握好分寸,若所报价格水分过多就成了乱开价,客户会立即拒绝或怀疑你的诚意,双方的谈判就无法继续。通常,可以采取对半法则,即开始提出的价格和最终目的价格的差距,必须同等于客户出价与自己最终目的价格的差距,然后在自己的报价和客户的最初期望中寻求双方都能接受的平衡点。例如:客户期望5万元来购买某一汽车,而你所能接受的最低价是55000元,这时你应以6万元来要价,这样一来如果最后是以中间价成交,你就算是达到了目标。然而要注意的是,对半法则有一个假设前提:必须让客户先出价,如果销售人员先开了价,客户就能用对半法则来获得他们想要的买价。所以,销售人员在报价前,要想办法让客户先表明立场,探询出客户期望的价格。

2 警惕客户的第一个提议

一般来说,客户的第一个提议都是用来试探销售人员的,他会提出一个连自己都觉得不合理的价格。因此,销售人员千万不要接受这个提议。就算客户要求的某一个期望买价高出你的心理卖价,也不能立即接受,因为一旦接受,客户立即会产生"我可以拿到更好的价格"和"这其中一定有问题"的想法,在后来的商谈过程中会不停地挑毛病和要求其他赠送。

面对客户的试探,销售人员首先要以震惊及不可置信的态度响应客户的建议,即表现出惊讶的态度,如果不表示惊讶,等于告诉对方他的价格你愿意接受,那么他的态度会更加强硬,附加条件会更多。其次,不要害怕因价格问题失去客户,对过分的杀价要以立场坚定的态度明确地说"不",然后让客户给出一个更合适的报价。如果客户以同样的方法对付你,你应该反其道而制之,可以用"你到底希望我给你一个什么样的价格?"来迫使客户讲出他要的价格。

3 巧妙应对竞争对手的报价

通常,客户会用竞争对手更佳的报价来进行压价,如"我比较过其他地方,你的价格比人家的要贵几百块钱"。面对这种情况,销售人员一定要把这个报价询问得更加清楚,判断出客户所说的真假,预防客户的误导。如果情况属实,要寻找竞争对手报价的漏洞,使用随车赠送转化成现金的手段,让客户产生实惠感。除非客户唯一关心的就是价格,否则千万不要相应地降价。通常可以这样说:"其他地方报的价格这么低,可是在他的展厅里是实现不了的,一定还包含了其他的附加条件""您在其他经销商了解的价格能拿到现车吗?现在我们不谈价格。他给您优惠的原因可能是库存车或者是试乘试驾车。假如您在这方面不要求的话,到时候我们可能会有最优惠的车给您""我相信你到外面看过这个车,也知道这个价格。但是,有一点要提醒你的是,买一台车,你付出的价钱不仅仅只有车价,还有很多其他的组成部分。可能我的车价比人家贵几百块,但我们的个性化的服务是其他人家没有办法比的,比如……"

4 巧扮演勉为其难的销售人员

如果销售人员成功引发了客户购买某一汽车的欲望,客户自然会在心里形成一个谈判价格范围。此时,扮演勉为其难的销售人员可以在谈判开始之前先压缩对手议价范围,让对手放弃一半的议价范围,将价格推向中点甚至是高点。例如:客户谈判价格范围是 10 万到 11 万(最多愿意付 11 万,10.5 万应该是最合理的价格,但如果可以 10 万成交就物超所值),如果销售人员显露出急于脱手的姿态,他可能只会给出 10 万元的最低价;如果销售人员表现出勉为其难的样子,他的议价空间就会从 10.5 万到 11 万。值得注意的是,销售人员要小心提防勉为其难的客户。

5 适时请求支援和运用辅助工具

在价格商谈中,如果客户要求的价格超出你想要成交的价格,你在几次让利之后客户还是要求再让,你可以适当地向同事或领导请求支援,让客户相信其所商谈的价格已经超越了你的权限范围,已经是最低报价了。比如,当着客户的面,跟上级打电话或者询问同事。值得注意的是,不要什么都请求支援,否则客户会觉得和你商谈毫无价值可言。如果客户直接问"你是不是决定不了,还得再向上级请示?"你可以说,"这得取决于你想要什么,有些是不需要请示的,而有些则需要。"

一般情况下,客户更愿意相信固有的事实,所以,销售人员可以在适当的时候运用辅助工具来诱导客户并让客户知道,同一款汽车他买的价格比别人低,这样会让客户在心理上产生优势,从而迅速做出成交的决定。

6 价格让步的方式

价格商谈中,销售人员通常会对价格进行让步。如果没有预设好让步方式,就会置身于无止境的价格谈判中,因为让步的方式会让客户自行预测你的下一步会是什么。在让步的时候,一定要小心避免等额让步、避免在最后一步中让价太高、起步全让光、先少后多四个错误方式,应该采取逐步减少的方式。另外,销售人员必须时时保持警戒,一定要特别小心客户让步的尺度,同时把数字写下来,也不必因为客户让步尺度缩小,就觉得底线接近了,他很可能只是在玩弄这个伎俩罢了。

举例:价格让步方法

例如,销售一辆车,你希望能以85000元成交,但最低可以接受84000元,也就是说,你的谈判议价范围是1000元。

错误一:等距让步,也就是将一千元均分四等,每次让步都是两百五十元,即"250,250,250,250"。想想看,这么一来客户只知道每推你一把,他就赚进250元,所以,他会不断地逼迫你。

错误二:在最后一次让步中做出大让步,如"600,400,0,0"。当你在做出一个600元的让步后紧跟着一个400元的让步,然后告诉客户"这是最后底线,不可能再便宜一毛钱了",但客户却想着你刚刚才做了600元的让步,接下来又降了400元,他当然会认为你应该可以再降个100元。于是会说"差不多了,只要你再降个100元,我们就可以再谈谈"。由于你已经给出底价,只能告诉他连降十块钱都不行。此时,客户就会产生敌意,他会想刚才你都可以做出400元的让步,怎么现在连十块也不行,他会觉得你是个难缠的家伙。

错误三:起步全让光,即"1000,0,0,0"。有些销售人员因为客户要求提出最后、底线的价格,或是声称他"不喜欢讨价还价",就完全供出议价空间。想想看,他是不是在谈判还没开始前,就让你先做出最大的让步,而且他可是个很喜欢讨价还价的人,他会要求你做出更大的让步。

错误四:先少后多,即"100,200,300,400"。你一开始做了一个小让步,之后的让步又一个比一个大,这么一来,你永远签不到这份合约,因为他们要求一次让步,他们就得到更多好处。

造成以上这些错误,都是因为销售人员让客户有了预期的心理。最好的让步方式,就是在一开始的时候,做出一个可以掌握住这个交易的让步。首先,你可以以议价范围的一半,也就是500元的让步作为开端。接下来,如果你还必须做出任何让步的话,千万记住,金额必须一次比一次低。下一个让步可能是200元,然后100元,最后是50元。降低让步幅度,可以让客户觉得已经把价格杀到低得不能再低了。

第四节 成交的技巧

一 适时建议购买

捕捉成交的时机是销售成功的关键,过早或过晚提出成交都会影响成交的质量和成败。汽车销售人员要"听其言、察其情、观其行",准确把握客户语言、表情和行为表露出来的购买信号,适时建议购买。

1 语言信号

语言信号是顾客在言语中流露出来的成交意向,是成交的前兆。以下是常见的语言信号。

(1)赞赏汽车的性能或质量。
(2)询问有哪些人或团体有购买。
(3)询问该汽车的使用方法及细节,甚至要求再看一次或是再示范一次。
(4)询问该汽车的价格,并以种种理由要求降低价格。
(5)询问是指定颜色、车型是否有现货或库存。
(6)询问合同规定、定金金额等。
(7)询问交车事项、交车时间、交车地点等。
(8)询问办理牌照、保险等相关准备事宜。
(9)询问贷款手续、缴款手续。
(10)询问有关售后服务、保证期或保证事项。
(11)征询第三者的意见和看法。
(12)声音或音调发生变化。

2 表情信号

表情信号是顾客的心理在面部表情中的反映,是判断成交时机的重要依据。以下是常见的表情信号。

(1)眼神:眼睛转动由慢变快,眼睛发光,神采奕奕。
(2)腮部:由咬牙深思或托腮变为脸部表情明朗轻松、活泼与友好。
(3)情感:由冷漠、怀疑、深沉变为自然、大方、随和、亲切。

3 行为信号

行为信号指顾客在举止行为上所表露出来的购买意向,是有意成交的表现。以下是常见的行为信号。

(1)点头对销售人员的说法表示认可。

(2)身体突然向前倾。

(3)忽然向销售人员靠近。

(4)姿势自然放松。

(5)停止手上的动作。

(6)不断触摸汽车,边看边长时间地思考对比。

(7)用心看目录、合同、订货单等。

(8)详细阅读说明书并逐条检视。

二 适用成交技巧

为了与客户成交,达到销售的目的,应根据不同客户、不同情况、不同环境,采取不同的成交技巧,以掌握主动权,尽快达成交易。常见的成交技巧有以下几种。

1 直接要求成交

直接要求成交指销售人员得到客户的明确购买信号后,直接提出交易。如"先生,既然你没有其他意见,那我们现在就签单吧"。销售人员使用这种方法时应注意,此法比较适合对老客户、理智型客户,但不能操之过急,提出成交的要求后,就要保持缄默,静待客户的反应。

2 假定成交

假定成交指销售人员假设客户将要购买,只是对某一些具体问题要求做出答复,从而促使成交。如"此车非常适合您的需要,你看我是不是给你搞搞装饰"。使用这种方法时应注意,此法不适合自我意识强的客户,此外还要看好时机。

3 压力成交

压力成交指销售人员在合适的时机给顾客施加一定的压力,帮助客户尽快下定决心。如"这个银色的车,十分畅销。前天刚到的货,六辆车现在只剩两辆了"。使用这种方法时,必须诚实可信,否则,客户会对销售人员的职业道德产生疑问,会影响到公司的形象和客户对品牌的忠诚度。

4 选择成交

选择成交指销售人员为客户提供两种解决问题的方案,使客户避开"要还是不要"的问题,而让客户回答"要 A 还是要 B"的问题,无论客户选择哪一种,都会到达成交的结果。如"您是今天签单还是明天再签"?销售人员使用这种方法时应注意,不要提出两个以上的选择,因为选择太多反而令客户无所适从。

5 让步成交

让步成交指销售人员通过提供优惠的条件促使客户立即成交。如"王总,真对不起,在我的处理权限内,我只能给您这个价格。不过,因为您是我的老客户,我可以向经理请示一下,给您些额外的优惠。但我们这种优惠很难得到,我也只能尽力而为"。使用这种方法时应注意,不要随便给予优惠,要表现出自己的权力有限,需要向上面请示,而且优惠只针对他一个人,让客户感觉到自己很尊贵很不一般。

6 激将成交

激将成交指销售人员利用客户的好胜心、自尊心而敦促他们尽快购买。如"昨天,××公司老总也来看过这车,而且也很喜欢,但由于价格太高没有买走"。使用这种方法时应注意,要显得平静、自然,以免对方看出你在"激"他。

7 从众成交

从众成交指销售人员针对客户不愿冒险和从众的心理而促使他们成交。如"先生,您真有眼光,这是目前最为热销的车,我们平均每天要销十多台,旺季还要提前预订才能买到"。使用这种方法时应注意,此法不适合求异型客户。

8 赞扬成交

赞扬成交指销售人员通过恭维客户,使客户感到满意从而做出成交反应。如"您选择这款车真是很有眼力啊,我告诉您啊,这款车数量很少……"这种方法特别适合那些自诩为专家、十分自负或情绪不佳的客户,但赞扬必须使发自内心的,语言要实在,态度要诚恳。

9 订单成交

订单成交指销售人员在销售即将结束的时候,拿出订单或合约并开始在上面填写资料,促使客户决定购买。如"先生,交车日期没有问题,其他条件也不错,而且我们也解决了付款的问题。既然这样,可不可以把您的大名填在这份文件上"。使用这种方法时应注意,如果客户说还没有决定购买,你可以说:"没关系,我只是先把订单填好,如果您明天有改变,我会把订单撕掉,您会有充分的考虑时间。"

⑩ 总结利益成交

总结利益成交指销售人员将所销汽车带给客户的所有实际利益展示在客户面前,把客户关心的事项排序,然后把产品的特点与客户的关心点密切地结合起来,总结客户所有最关心的利益,促使客户最终达成协议。

任 务 书

车型_____ 小组成员_____ 小组编号_____

一、分析并列举出本车型在报价成交阶段易出现的异议。

| |
| |

二、针对本车型报价成交阶段易出现的各种异议，选择恰当的异议处理方法，并形成话术。

| |
| |

三、小组成员分配销售顾问和客户角色，结合新车报价流程、异议处理技巧、价格商谈技巧以及成交技巧，进行报价成交情景模拟。

第七章 递交新车

 学习目标

本章旨在通过学习递交新车的相关内容,使学生掌握递交新车的流程及其技巧。

 任务描述

本章共四项任务:
(1)掌握递交新车的流程和技巧;
(2)掌握交车仪式设计方法;
(3)熟悉交车仪式常用话术;
(4)可独立完成递交新车。

 学习引导

本章学习可以采用以下顺序:

引出任务 → 分小组(2人/组)、选定车型 → 学习相关内容 → 完成任务书

第一节 递交新车的流程

递交新车的流程见图2-7-1,客户服务标准有以下内容。

一、交车前的准备

(1)销售人员委托售后服务部门进行新车交车前检查(PDI)。
(2)确认客户的付款条件和付款情况,以及对客户的承诺事项。
(3)交车前3日内电话联系客户,确认交车时间,并告知交车流程和所需时间,征得客户认可。

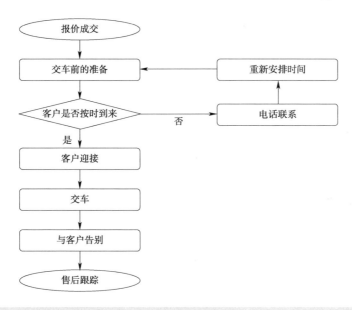

图 2-7-1　递交新车的流程

（4）交车前1日再次与客户确认交车事宜。

（5）展厅门口设置交车恭喜牌，交车区场地打扫干净。

（6）按《交车检验表》确认待交车辆内外整洁，重点检查车窗、后视镜、烟灰缸、备胎和工具。《交车检验表》见表2-7-1。

交 车 检 验 表　　　　　　　　　　　　　　　　表 2-7-1

1. 验车架号码：
2. 发动机号码：
3. 检验日期：
4. 检验车型：
5. 检验内容：

检验内容	状况		检验内容	状况	
	正常	非正常		正常	非正常
外表			空调		
油漆，车身			驻车制动		
发动机舱			座椅调节		
发动机舱盖的开启及保险钩			空挡安全启动开关		
发动机冷却液、发动机润滑油			内饰		
动力转向液			门板内饰，车顶饰板		
制动液、风窗清洁液、蓄电池			座椅、安全带、仪表板		
发动机舱其他附件			转向盘及操纵机构罩，手套箱		
电器部分			开关及组合开关面板		
仪表指示、远光灯及变光			车底部（可视部分）		
转向灯			发动机，变速器，悬架		
尾灯、制动灯、警告灯、倒车灯			汽油箱及油管		

续上表

检 验 内 容	状况		检 验 内 容	状况	
	正常	非正常		正常	非正常
雾灯,室内灯			转向机构,排气机构		
音响系统(喇叭,收音机,CD)			制动系统及其油管		
电动门窗,中央门锁			行李舱		
刮水器及喷水装置			随车工具,备胎		

经本人检验确认本车一切正常,符合《汽车销售合同》要求,同意办理上牌手续!
用户签名:＿＿＿＿＿＿　销售顾问签名:＿＿＿＿＿＿　检验日期:＿＿＿＿＿＿
6.手续移交
随车文件:说明书:　有(　),无(　)　保修卡:　有(　),无(　)
　　　　　附加费证:　有(　),无(　)　车辆票证:　有(　),无(　)
随车配件:工　具:　有(　),无(　)　千斤顶:　有(　),无(　)
　　　　　备　胎:　有(　),无(　)　轮心盘:　有(　),无(　)
　　　　　点烟器:　有(　),无(　)　车钥匙2把:有(　),无(　)
提车人签名:＿＿＿＿　销售顾客签名:＿＿＿＿　S/A 签名:＿＿＿＿　主管签名:＿＿＿＿　交车日期:＿＿＿＿

(7)地板铺上保护纸垫,调校时钟和收音机频道。

(8)给待交车辆油箱加注适量的燃油。

(9)通知相关人员交车仪式的时间和客户信息,确认出席人员,准备个人小礼物。

 客户接待

(1)交车客户到达时,销售人员预先到达门口迎接,态度热情,恭喜客户。

(2)先邀请客户至交车区确认新车,然后告知客户后续手续,并引领客户至预定的洽谈桌,进行交车手续。

(3)为新车客户准备并佩戴识别物,例如胸花、交车贵宾证等。

(4)每位员工见到交车的客户,立刻道喜祝贺。

三 交车

(1)介绍交车程序。

(2)说明各项购车费用。

(3)若为客户代办上牌业务,利用《上牌手续及费用清单》说明上牌费用。

(4)若存在疑问,随时解答客户提出的疑问。

(5)向客户介绍售后服务部门服务人员。

(6)服务人员利用《维护手册》解释车辆维护的日程。

（7）服务人员利用《保修手册》说明车辆保修内容和范围。

（8）服务人员带领客户参观售后服务部门，加强客户信心。

（9）引导客户至交车区，进行车辆检查，并根据《新车交接单》逐项确认。

（10）利用《用户手册》介绍新车使用方法及安全驾驶说明，必要时为客户示范驾驶。

（11）协助客户确认所定购的精品、附属件，告知赠送燃油。

（12）销售人员清点并移交车辆文件以及车辆钥匙。

（13）确认所有事项后，与客户核对交车事项与《新车交接单》，并请客户签名确认。

（14）向客户赠送小礼物并邀请客户、经理和服务人员在新车前一同合影留念，将照片送给客户留存。

四 与客户告别

（1）确认客户可接受的售后跟踪和联系方式，并简要告知跟踪内容。

（2）客户离开时，送客到展厅门外，目送客户驾车离开，挥手道别。

（3）客户离去后整理客户资料，填写《保有客户信息卡》，见表2-7-2。

（4）预估客户到达目的地的时间，致电确认安全到达。

保有客户信息卡　　　　　　　　　　表2-7-2

车牌号：　　　　　　　　　　　　　　　　　　　　　　　　　档案号：

车 主 信 息					
车主姓名 （公司名称）		生日 （创立日）		身份证号码 （组织机构代码）	
联系地址：		联系电话：		工作单位：	
变更地址： || 联系电话：				
车辆使用者： || 联系电话：				
方便拜访场所		□ 住所　□ 公司　□ 维修站　□ 其他			
方便拜访时间		□ 上午　□ 下午　□ 晚上　时　分			
相 关 信 息					
购买类型		付款方式		家庭情况	
□ 新购　□ 换购 □ 增购　□ 其他		现金：		姓名　称谓　出生日　职业	
^		贷款银行：			
客户来源 || 分期	按揭年限：			
			起始时间：			
车 辆 信 息					
车型			牌照价格		
车辆售价			装潢项目		
车架号					
发动机号			上牌服务费		

续上表

车 辆 信 息			
生产日期		年审时间	
交车日期		保险费用	
颜色		保险公司	
主钥匙密码		保险时间	
音响PIN		保险项目	
车辆使用情况			
车辆主要用途			
月里程			
节假日用车			
客户推介情况					
推介次数	推介客户名称	所购车型	购车数量	购车时间	备 注
第一次					
第二次					
第三次					
回访(强制回访)			
第一次回访	车辆使用情况：		客户意见：	
	回访方式：	责任人：		回访时间：
第二次回访	车辆使用情况：		客户意见：	
	回访方式：	责任人：		回访时间：

制表：　　　　　　　　　　审核：　　　　　　　　　　时间：

第二节　递交新车的技巧

一 理性交车

递交新车时，客户期望所有的承诺能够兑现，并且获得关心和良好的建议。因此，销售人员要理性交车。

所谓理性交车，指以专业的程序帮助客户办理各种相关手续和检查验收车辆，具体包括以下四项。

 手续与文件

销售人员在交车前应仔细检查确认具体需要完成的事项，交车时指引客户办理相关的手续和文件。

2 客户检查验收车辆

销售人员指引客户对车辆的外观、内饰、精品、附属件等逐一检查,并根据《新车交接单》逐项确认。

3 使用介绍

运用《用户手册》,逐项向客户介绍车辆的操作,首先由销售人员进行示范,鼓励客户实际操作一下,在此过程中,详细解答客户提出的问题。

4 交车文件和工具介绍

销售人员将文件和工具打开并朝向客户,以便于他们清楚阅读。讲解过程中,主动询问客户是否对解说内容存在疑问,随时解答客户提出的疑问。确认所有事项后,与客户核对交车事项与《新车交接单》,并请客户签名确认。

● 感性交车

理性交车可以让客户对公司的服务感到满意和信任,而感性交车则能把这个友好的关系推向了一个高潮,与客户建立起深厚的感情。所谓感性交车,指在交车当日为客户营造一种愉悦、轻松的环境,让客户切实感受到公司对其的重视和尊重,满足客户受尊重的需求。

感性交车的人员越多越好,在众多人员中要有领导和对客户今后的服务有帮助的人士,一般包括销售经理、服务经理、服务顾问、零部件经理、销售人员和4S店内所有空闲的工作人员。感性交车的具体步骤为以下七项。

(1)将客户引导至交车区。

(2)介绍销售经理、服务经理或其他人员与客户认识。

(3)将新车钥匙交予客户,再次热情恭贺并衷心感谢客户。

(4)由销售经理赠送纪念品,并向客户致以深深谢意。

(5)销售经理、服务经理、零部件经理、销售人员同客户在车前愉快微笑合影,并一起向客户致谢。

(6)全体参与者引导及欢送客户离去。

(7)预估客户到家的时间,在第一时间询问驾驶情况,并再次表示祝贺和感谢。

任 务 书

车型_____　　　小组成员_____　　　小组编号_____

一、根据本车型及客户的特点,结合递交新车的技巧,设计一次交车仪式。

二、小组成员分配销售顾问和客户角色,结合递交新车的流程和技巧,进行递交新车情景模拟。

第八章　售后跟踪

 学习目标

本章旨在通过学习售后跟踪的相关内容,使学生掌握售后跟踪的流程及其技巧。

 任务描述

本章共五项任务:
(1)掌握汽车售后跟踪的流程和技巧;
(2)掌握保有客户回访计划的设计方法;
(3)掌握新客户开发计划的设计方法;
(4)熟悉车辆售后跟踪的常用话术;
(5)可独立完成汽车售后跟踪。

 学习引导

本章学习可以采用以下顺序:

引出任务 → 分小组(2人/组)、选定车型 → 学习相关内容 → 完成任务书

 第一节　售后跟踪的流程

售后跟踪的流程见图2-8-1,客户服务标准有以下内容。

 一、售后跟踪准备

(1)制订已购车客户的跟踪联络计划。
(2)跟踪联络客户文件资料准备。

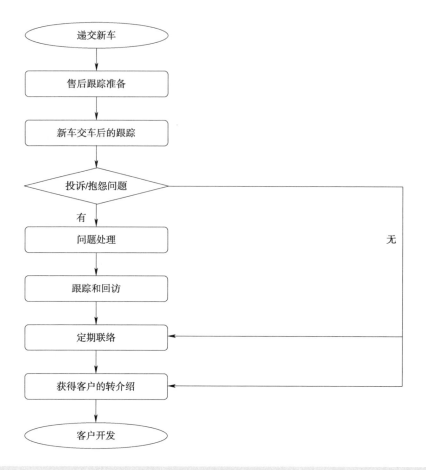

图 2-8-1 售后跟踪的流程

■ 新车交车后的跟踪

(1) 一日内电话联系客户。
(2) 客户反馈信息及时更新并记录在《保有客户信息卡》回访栏中。
(3) 一周内,向客户表示诚挚感谢。
(4) 若满意,并请其推介潜在客户。
(5) 若有投诉和抱怨,及时处理,并跟踪和回访。

■ 定期联络与客户转介绍

(1) 制订客户跟踪回访计划并落实。
(2) 举办促销活动,诚挚邀请客户参与。

(3)请已购车客户提供潜在客户购买信息。

第二节 售后跟踪的技巧

一 老客户的维系

老客户的心理是希望在离开之后仍能感受到4S店的关心。因此,4S店及销售人员应该通过售后跟踪,为车主创造便利放心的用车环境,使车主感觉受到重视,从而获得满足感,进而达成对4S店的信赖,为4S店增加来店人数,并使车主将来购车时再次购买。

1 发出第一封感谢信

第一封感谢信应向客户交车的24小时内发生,而且必须有总经理亲笔签名。这样做的好处是:有可能在客户及新车尚未到家(单位)的时候,其家人(单位的同事)就已经通过这封精美的感谢信知道了。因为这封感谢信的作用,使大家不光知道了客户购车的消息,大家会恭喜他,更重要的是向大家传递了汽车销售公司或者专营店做事规范、令人满意、值得依赖的良好信息。而这个重要信息,说不定就能影响到在这群人当中的某一个成为你的潜在购车客户,即时地扩大了企业的知名度。

2 打出第一个电话

第一个电话应向客户交车的24小时内发生,由销售人员拨打。这样做的好处是:绝大多数客户拿到车以后不看说明书,开车时遇到不懂的东西时,就开始乱摸,很容易出问题。如果能及时问并提供帮助,客户会觉得这个公司不错,没把我忘记,从而产生好感。电话内容,一是感谢客户选择了我们专营店并购买了汽车;二是询问客户对新车的感受,有无不明白、不会用的地方。

3 打出第二个电话

第二个电话应向客户交车的一个星期之内发生,由销售经理拨打。电话内容,一是感谢客户选择了我们专营店并购买了汽车;二是询问客户对销售人员的接待服务是否非常满意;三是询问客户对公司的服务有什么意见或者建议;四是询问新车上牌照情况和是否需要协助;五是提醒客户做首保。如果客户满意,要感谢客户的参与,请客户为我们做有购车意向的推荐或转介绍。如果客户不满意,应先代表公司表示歉意,对客户表示理解,邀请客户有空的时候来店,为其进一步解决问题,并详细记录客户的抱怨、意见、建议,及时反馈给相关的各个部门,根据各部门的处理意见进一步进行客户跟踪。

4 适时拜访客户

销售人员尽量做到每两个月登门拜访客户一次,了解车辆的使用情况,介绍公司最新的活动以及其他相关的信息。没事儿也没关系,以看朋友或亲友为名,顺道来看看有没有为他们效劳的地方,客户一样很感动。经过多次拜访,和客户混个脸熟后,自然而然地就成了朋友。

销售人员还可以结合客户的兴趣爱好,选择适当的时机与客户互动,如一起打球、钓鱼等。通过这些活动,增进友谊,协助解决客户的疑难问题等。

5 重视平常的关怀

平常,销售人员可以打电话问候客户,询问客户车况如何,提醒车辆维护、提醒车险续保等,但要注意时间的选择(一般应在晚上7:00~8:00)和说话方式;可以发短信问候客户,告知免费维护活动、汽车文化讲座和相关的活动、新品上市,提醒天气变化等,但尽量不要群发,要写明称呼和署名,如"×先生:×月×日我店将举办车辆免费检测活动,同时维修配件及工时费9折,欢迎您驾车光临,××专营店。";可以发贺卡祝福问候客户或客户家人的生日、客户的爱车周年等,一定要用手写,要富有创意;可以举办客户联谊会,邀请客户一起热闹一番。

二 新客户的开发

美国著名汽车推销员乔·吉拉德在商战中总结出了"250定律",他认为每一位客户身后,大体有250名亲朋好友,如果赢得了一位客户的好感,就意味着赢得了250个人的好感,如果得罪了一名客户,也就意味着得罪了250名客户。因此,销售人员要将成交看作是推销的开始,在成交之后继续关心客户,一旦赢得老客户,就能吸引过多的新客户。这种让老客户转介绍新客户的做法,比其他方法更容易获取准客户,而且获得再次转介绍的概率高,可以建立成熟的目标市场,是最有效的业绩来源!

要想得到老客户的转介绍,销售人员需要做到以下几点:第一,关心老客户,必须让他觉得你值得转介绍;第二,客户满表示意或感谢时,要敢开口要求转介绍,只要你敢张嘴,机会就有50%;第三,开口要求转介绍时,要亲切、礼貌和真诚,用引导性问题争取名单,切记不要过分恭维和拍马屁,更不能让客户觉得你志在必得,要减轻客户的压力;第四,注意转介绍的细节,当客户准备写名单的时候要适当给予提示,每次提示之后要注意停顿并问还有没有,获取名单后要询问客户联络时是否可以提及他的名字。

一般来说,愿意转介绍的老客户有以下几类。

1 一类客户

该类客户主动愿意给你转介绍,他不要任何好处,只是比较喜欢出风头,好表现自己,喜欢荣誉。这就是所谓的黄金客户，与这类客户交往，就要利用机会让他好好的表现，比如公司开产品说明会的时候，让他上台讲几句话，然后给他颁荣誉奖等。

2 二类客户

该类客户要求给他好处，比如给他提成等。与这类客户交往，就直接跟他谈怎么给他好处，只要你的条件让他满意，他在利益的诱惑下会很卖力地给你转介绍，同时量不比第一类客户差。

3 三类客户

该类客户既不要荣誉也不要金钱，他是有事情需要你帮忙。与这类客户交往，只有尽力把他要你帮他做的事做的令他很满意，他以后才会一直给你转介绍，尽管量不大。

4 四类客户

该类客户什么要求都没有，纯粹是出于朋友之间的关系给你帮忙。与这类客户交往，要好好地与他处好关系，不要把他当客户，要把他当朋友。

所以，汽车销售人员在汽车销售出之后，要及时更新保有客户信息，并保持与保有客户的联系，既有助于提高保有客户的满意度，又可以最大限度的发挥顾客连锁介绍的作用，完成新客户的开发。

任 务 书

车型_____   小组成员_____   小组编号_____

一、根据本车型及客户的特点,结合老客户的维系技巧,设计保有客户回访计划。

二、根据本车型及客户的特点,结合新客户的开发技巧,设计新客户开发计划。

三、小组成员分配销售顾问和客户角色,结合售后跟踪的流程和技巧,进行售后跟踪情景模拟。

第九章　汽车网络电话销售

学习目标

本章旨在通过汽车网络电话销售内容的学习,使学生掌握汽车网络电话销售的工作流程及其技巧。

  任务描述

本章共五项任务:
(1) 了解 IDCC 营销体系;
(2) 了解 IDCC 营销价值;
(3) 了解 IDCC 岗位设置;
(4) 掌握 IDCC 工作流程;
(5) 掌握 IDCC 工作技巧。

  学习引导

本章学习可以采用以下顺序:

引出任务 → 分小组(2人/组)、选定车型 → 学习相关内容 → 完成任务书

第一节　IDCC 营销

IDCC 是 Internet and Direct Call Center(网络电话直呼中心)的缩写,它源自北美地区汽车销售企业流行的 DCC(Direct Call Center),根据互联网营销的最新发展趋势进化而成。

 一、标准 IDCC 营销体系

标准 IDCC 营销体系是一个漏斗形状(图 2-9-1),由营销组、邀约组和销售组构成。

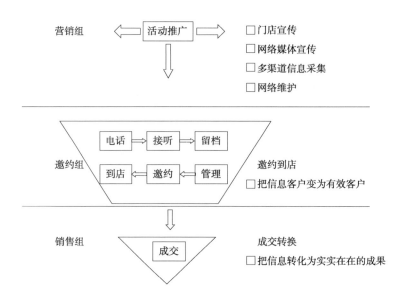

图 2-9-1 标准 IDCC 营销体系

营销组负责门店宣传,既要通过维护自有网络平台进行门店和产品宣传,又要借助公共网络媒体平台进行门店和产品宣传,完成多渠道信息采集,尽可能多的增加品牌、门店、车型的曝光,以吸引客户关注。

邀约组负责邀约到店,根据自身邀约技巧、沟通技巧、跟进要求,把客户吸引进店,把信息客户变为有效客户。

销售组负责成果转换,通过品牌价值展示、产品价值展示、车型价值展示、个人价值展示等综合销售技巧,引导客户成交,把信息转换为实实在在的成果。

二 IDCC 营销的价值

随着互联网时代的来临,依赖自然客流和销售顾问的个人能力的传统营销模式已经不能完全适应新形势下企业的营销需求。传统媒介效能急剧下滑、经销商服务半径越来越小、销售线索来源单一、客户信息管理不到位、销售部市场部无法形成合力等问题,是每家 4S 店的难题。因此,需要做机制上的变革,IDCC 应运而生。

IDCC 通过对客户生命周期的过程管理,将销售线索变成一条长期稳定不依赖某一个人的生产线,其价值体现在以下几个方面:

(1)提升品牌、门店与产品的知名度;

(2)增加销售线索和销售机会;

(3)扩大经销商销售服务半径;

(4)提高展厅现有客户资源的利用率。

第二节 4S店 IDCC

一、IDCC 设置

IDCC 目前在 4S 店存在的形式,因为具体环境不同而各有不同,一般常见有四种形式。

1 成立独立的 IDCC 部

由一位独立的 IDCC 经理负责。此模式问题在于 IDCC 经理和销售经理表面和谐,背地里互相较劲,资源没有充分共享。不仅如此,市场经理的配合度也比较低。

2 划归市场部

设置一位 IDCC 主管,统一归市场经理领导。此模式问题在于市场经理往往缺乏实际的销售经验,无异于外行领导内行,内耗严重。

3 划归销售部

设置一位 IDCC 主管,统一归销售经理领导,IDCC 主管的地位和展厅主管的地位平等。

4 组建跨职能部门的 IDCC 团队

由客服经理牵头组建了一个跨职能部门的 IDCC 团队。此模式必须遵循一个原则:属于哪个部门的人,在业务上就按照原来的管理从属关系直线向自己的领导做过程性汇报,同时向其他部门的领导做结果性汇报。

其实,不管采用哪种设置,都需要注意三点:一是要和业务的发展阶段相适应;二是有利于提高团队的整体工作积极性;三是有利于业务的顺利高效开展。

二、IDCC 岗位设置

依据标准 IDCC 营销体系,岗位设置见图 2-9-2。

1 活动专员

活动专员负责活动执行和媒介资源管理,通过活动策划、广告投递、媒体维护等多种渠道,将店内的一些汽车信息、优惠行情等传递出去,从而引起用户购买的欲望。

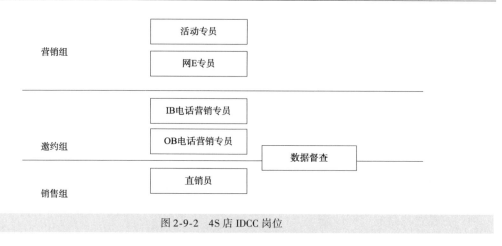

图 2-9-2　4S 店 IDCC 岗位

2　网 E 专员

网 E 专员负责网络销售线索的收集，直接决定了第二环节电话营销员的邀约到店顾客数量和质量、更决定了第三环节直销员的车辆成交数量，是品牌与品牌、集团与集团、经销店与经销店竞争的核心岗位。

3　IB/OB 电话营销专员

IB/OB 电话营销专员负责将信息客户邀约到店，是 IDCC 实际接触客户的第一触点，是整个 IDCC 团队的重中之重，既要有热情灵活的电话沟通技术，也要给恰到好处的来店邀约，目的都是为直销员的完美接待打下坚实的基础。

4　直销员

直销员负责销售，是 IDCC 这条生产线的终端，要与 IB/OB 电话营销专员做好协作，将来店客户通过专业的介绍、良好的到店体验、不断地跟进沟通，引导客户成交。同时要提升客户的满意度，获取转介绍机会。

5　数据督查

数据督查负责客户信息录入及转出，是 IDCC 客户关系管理中一个重要的全新岗位。数据督查每一次准确完整的记录，是市场活动效能的度量仪，是销售顾问和直销员工作量化指标的测评尺。

三　IDCC 岗位考核

IDCC 销售和展厅销售一样，是一个以结果论英雄的工作。因此，制订以 KPI 为导向的配套绩效考核政策尤其重要。制订绩效考核政策应遵循 4 个基本原则：一是绝对不能吃大锅饭；二是要体现出优胜劣汰的作用；三是要具体化到可执行的行为结果上；四是每一个

KPI 都应尽量附带着一个对应的绩效考核要求。营销组着重考核总线索量,邀约组着重考核邀约到店率,销售组着重考核到店接待成交率。

第三节　IDCC 工作流程及技巧

IDCC 工作流程

IDCC 工作分为 3 个环节:线索获取,客户邀约,展厅销售,分别由营销组、邀约组、销售组负责完成。具体工作流程见图 2-9-3。

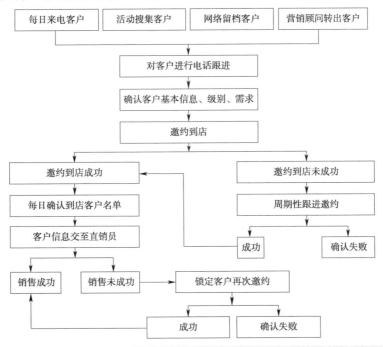

图 2-9-3　IDCC 业务流程

IDCC 业务流程中主要配套表格有两个:《电话跟进表》和《电网销客户信息记录表》。

(1)《电话跟进表》主要用来记录邀约组对潜在客户的电话跟进情况,主要内容见表 2-9-1。

电　话　跟　进　表　　　　　　　　　　表 2-9-1

销售顾问_____　　日期_____

序号	客户级别	客户姓名	联系方式	车型	信息来源	备　注	下次跟进时间	是否登录
1								
2								

续上表

序号	客户级别	客户姓名	联系方式	车型	信息来源	备注	下次跟进时间	是否登录
3								
4								
5								
6								
7								
8								
9								
10								

（2）《电网销客户信息记录表》主要用来记录网络来源和电话来源客户的信息，随着客户跟进流程的递进，记录表中的信息要及时更新。主要内容见表2-9-2。

电网销客户信息记录表　　　　　表2-9-2

日期	电销员	获取渠道	信息来源	区域	尊称	车型	级别	联系电话	属性	是否到店	是否成交	重点关注点
		网络	易车网		×先生		A		新			
		网络	汽车之家		×先生		A		新	是		
		网络	其他网络		×女士		A		新	是		
		网络	网推公司		×先生		B		新			
		网络	微信		×先生		A		新			
		网络	114转接		×先生		A		新			
		网络	易车网		×先生		A		新			
		网络	搜狐		×先生		B		新		有	
		网络	路牌广告		×先生		B		新		有	
		网络	1039广播		×先生		C		新		有	

二 线索获取技巧

《中国网民消费行为调查报告》显示：网络已经成为消费者获取汽车信息的首选渠道。因此，要加大网络媒体宣传，采集多渠道信息，获取线索。

1 用好付费的资源

选择合适网站成为会员，按照网站的积分规则，力争门店在同城排名第一。网站会员不是越多越好,基本上3~5个就行,可以选择汽车之家、易车网加上1~3个当地比较受欢迎的网站。

2 适当公关

由于网站会员自己发送的文章有显露区域限制,必要时可以用公关的手段让媒体把文章帮忙推送到更好的位置。

3 重视免费资源

QQ微信群、新浪微博、各种汽车论坛、各种网络视频、团购网等免费资源往往是消费者大量存在的地方,要特别加以重视。如与美团网、糯米网等网站合作,通过特价车团购、合作商家团购等推广方式,增加门店、产品的曝光度,吸引消费者的注意。

三 客户邀约技巧

1 编写好邀约话术

邀约前,首先要回顾网E专员对这个客户的需求分析,要了解性格特点、生活习惯和家庭情况等,然后编写一个针对性的邀约话术。邀约话术包含:一个精彩的开场白、一个针对性的互动沟通、一个完美的邀约、一个礼貌的结语。

(1)开场白。

开场白是开口的第一句话,是对方愿意与之聊天的关键。因此,要微笑地说话,让声音传递出很愉悦的感觉,报出4S店名称并自我介绍(选择一个好记好听、适合自己声音特质的昵称),同时表明不会占用对方太多时间。

例如,××先生/女士,下午好!我是北京现代××店的甜甜,看您在××网关注了咱们的×车型,耽误您两分钟好吗?……

(2)互动沟通。

自报家门后与客户进行互动,将需求分析穿插于谈话中,并根据需求分析确定客户类型再采取相应话术进行邀约。

回客户问题时,要从情感贴近客户,多用赞美或认同,并通过数字的例证、车型优势展示增强客户的信心。若客户在电话中过多询问车型及配置时,应该少谈具体细节,多用感性语言,刺激客户到店欲望。

例如,张先生,看得出您对车型的环保特别关注,我们的这款车型除符合……外,还有如下四大环保配置……关于您选的颜色,甜甜认为最适合您了,因为……

提问时,可以有技巧地制造自己与客户之间在车辆之外共同话题,从客户角度出发切入问题,贴近客户的感受,弄明白5H2W。

例如,您经常开车到××区上班,我家也住那里,停车特别容易吧……

(3)邀约。

①购买期客户邀约。购买期客户通常已经认定车型,处于比价格、选经销商阶段。因此,可以以市场活动、限时抢购、厂家政策进行邀约。

例如,您购买的××车咱们店正好有现车,您到店除了能享受购置税减半政策外,我们店周六正好有个10周年店庆促销活动,活动力度非常大,还送全年的车辆全险,当然还有大礼包相送和抽奖活动,抽奖100%中奖,奖品也非常丰厚,好多客户都已经报名参加了,您一定要来店好好了解下……

②摇摆期客户邀约。摇摆期客户通常已经确定车型,也看过车,但不确定购买。因此,可以以试乘试驾进行邀约。

例如,张先生,您只看过车还不够吧?车子是开的不是看的,您说对吗?您看到的只是外观、内饰,但开车要的是动力感、操纵感、舒适感和安全性,可是这些性能不试驾您也感受不到,对吧?您喜欢的是手动版还是自动版的,我给您专门安排下试驾吧?您看您今天什么时候有时间?大约几点到店?我让专业的销售顾问等您……

③预选期客户邀约。预选期客户通常不确定车型,没有到店看过车。因此,可以以产品优势、试乘试驾进行邀约。

例如,张先生,咱们北京现代车卖得非常好,市场认可度也好,咱们好多员工都开这车,您亲戚朋友开这车的也不少吧?咱们车型比较多,每款车都有很多配置功能,您要买车还是得来店里让咱们专业的销售顾问给您介绍下,给您安排个深度的试乘试驾,选一款适合您的车,您看您今天几点有时间过来?

(4)结语。

若邀约成功,要与顾客信息确认,感谢客户致电,期待光临!若邀约未成功,可以通过查库存(车型、颜色、配置等)、核实消息(团购类、相关活动类、日期截止类、八卦类)等借口留下话题,为下次邀约回访埋下伏笔。

例如,张先生,那我们×点专门等您,我也为您准备了一份儿小礼品,您到店前给我打个电话,我提前给您安排优秀销售顾问和试乘试驾车,咱们店地理位置在××,稍后我短信把详细情况给您发过去,尾号9312是您的手机号吧?

例如,张先生,您刚才说的款车在我们这里卖得相当好,库存挺紧张。这样,我先帮您查下库存,如果还有余量就先帮您订下,然后第一时间与您约时间来店体验。

2 做好抗拒分析

根据统计,客户抗拒邀约通常回复"没有时间""还在考虑"和"款不到位"。应对抗拒,首先要知道他抗拒的真正原因,然后针对拒绝理由编写应对话术。

(1)没有时间型。

对于回复"没有时间"的客户,可以通过询问客户对产品的了解程度和提出上门服务来判断真假。若客户真正没有时间,可以进一步询问顾客什么时间有空,通过封闭假设预约。

例如,张先生,本周没有时间,那下周呢?是下周二还是下周三我们再联系呢?

（2）还在考虑型。

对于回复"还在考虑"的客户，须追问顾客考虑的具体问题，弄清真正原因。

例如，张先生，您主要是考虑哪些问题呢？是在哪几个车型间对比呢？您主要觉得××车和我们车之间有哪些不一样呢？这两个车您都开过吧？对比一定是应该的，建议您一定到我们店全面了解，就两个车的一些问题了解清楚，然后再作决定，您看看是今天还是明天？需要我过来接您吗？

（3）款不到位型。

对于回复"款不到位"的客户，要了解是全款不到位还是按揭不到位，是不是一定需要购买现在的车辆，有没有其他的方案解决。

例如，张先生，您说的是全款还是按揭？要不您过来，我帮您一起计算一下？我们公司现在3年0利率，划算！

3 减少客户失约率

在约定时间的24小时前、当天上午、约定时间1小时前，要给客户去电话提醒，告知客户自己为他已经做了工作，可以减少客户失约的概率。如果客户爽约了，不要气馁，只要客户作了承诺就好，他失约越多，压力越大，总会有不好意思再拖下去的时候。

任　务　书

车型_____　　小组成员_____　　小组编号_____

一、以本小组汽车品牌和车型为对象，按照客户邀约技巧编写邀约话术，要求结构完整，包括开场白、互动沟通、邀约和结语四部分。

二、每小组分配电销专员和客户角色，使用第一题编写的邀约话术，进行电话邀约情景模拟。

参 考 文 献

[1] 菲利普·科特勒.营销管理[M].上海:上海人民出版社,2003.
[2] 张国方.汽车营销学[M].2版.北京:人民交通出版社股份有限公司,2017.
[3] 赵轶.市场营销[M].2版.北京:清华大学出版社,2014.
[4] 王令芬. 营销策划实训教程[M].北京:清华大学出版社,2014.
[5] 张发明.汽车营销实务[M].2版.北京:机械工业出版社,2016.
[6] 叶志斌.汽车营销实务[M].北京:电子工业出版社,2011.
[7] 孙路弘.汽车销售的第一本书[M].北京:中国人民大学出版社,2008.
[8] 刘秀荣.汽车销售技巧与实务 [M].北京:电子工业出版社,2015.
[9] 赵文德.汽车销售冠军是这样炼成的[M].北京:机械工业出版社,2014.
[10] 李志远.汽车销售从新手到高手[M].北京:中国铁道出版社,2017.
[11] 刘军.汽车4S店销售顾问培训手册[M].北京:化学工业出版社,2013.

人民交通出版社汽车类高职教材部分书目

书号	书名	作者	定价（元）	出版时间	课件
一、全国交通运输职业教育教学指导委员会规划教材　新能源汽车运用与维修专业					
978-7-114-14405-9	新能源汽车储能装置与管理系统	钱锦武	23.00	2018.02	有
978-7-114-14402-8	新能源汽车高压安全及防护	官海兵	19.00	2018.02	有
978-7-114-14499-8	新能源汽车电子电力辅助系统	李丕毅	15.00	2018.03	有
978-7-114-14490-5	新能源汽车驱动电机与控制技术	张利、缑庆伟	28.00	2018.03	有
978-7-114-14465-3	新能源汽车维护与检测诊断	夏令伟	28.00	2018.03	有
978-7-114-14442-4	纯电动汽车结构与检修	侯涛	30.00	2018.03	有
978-7-114-14487-5	混合动力汽车结构与检修	朱学军	26.00	2018.03	有
二、高职汽车检测与维修技术专业立体化教材					
978-7-114-14826-2	汽车文化	贾东明、梅丽鸽	39.00	2018.08	有
978-7-114-14744-9	汽车维修服务实务	杨朝、李洪亮	22.00	2018.07	有
978-7-114-14808-8	汽车检测技术	李军、黄志永	29.00	2018.07	有
978-7-114-14777-7	旧机动车鉴定与评估	吴丹、吴飞	33.00	2018.07	有
978-7-114-14792-0	汽车底盘故障诊断与修复	侯红宾、缑庆伟	43.00	2018.07	有
978-7-114-13154-7	汽车保险与理赔	吴冬梅	32.00	2018.05	有
978-7-114-13155-4	汽车维护技术	蔺宏良、黄晓鹏	33.00	2018.05	有
978-7-114-14731-9	汽车电气故障诊断与修复	张光磊、周羽皓	45.00	2018.07	有
978-7-114-14765-4	汽车发动机故障诊断与修复	赵宏、刘新宇	45.00	2018.07	有
三、新能源汽车技术专业职业教育创新规划教材					
978-7-114-13806-5	新能源汽车概论	吴晓斌、刘海峰	28.00	2018.08	有
978-7-114-13778-5	新能源汽车高压安全与防护	赵金国、李治国	30.00	2018.03	有
978-7-114-13813-3	新能源汽车动力电池与驱动电机	曾鑫、刘涛	39.00	2018.05	有
978-7-114-13822-5	新能源汽车电气技术	唐勇、王亮	35.00	2017.06	有
978-7-114-13814-0	新能源汽车维护与故障诊断	包科杰、徐利强	33.00	2018.05	有
四、职业院校潍柴博世校企合作项目教材					
978-7-114-14700-5	柴油机构造与维修	李清民、栾玉俊	39.00	2018.07	
978-7-114-14682-4	商用车底盘构造与维修	王林超、刘海峰	43.00	2018.07	
978-7-114-14709-8	商用车电气系统构造与维修	王林超、王玉刚	45.00	2018.07	
978-7-114-14852-1	柴油机电控管理系统	王文山、李秀峰	22.00	2018.08	
978-7-114-14761-6	商用车营销与服务	李景芝、王桂凤	40.00	2018.08	
五、高等职业教育汽车车身维修技术专业教材					
978-7-114-14720-3	汽车板件加工与结合工艺	王选、赵昌涛	20.00	2018.07	有
978-7-114-14711-1	轿车车身构造与维修	李金文、高窦平	21.00	2018.07	有
978-7-114-14726-5	汽车修补涂装技术	王成贵、贺利涛	22.00	2018.07	有
978-7-114-14727-2	汽车修补涂装调色与抛光技术	肖林、廖辉湘	32.00	2018.07	有

咨询电话：010-85285962、85285977；咨询QQ：616507284、99735898。